Günter Mertins (Hrsg.)

**Vorstellungen der Bundesrepublik Deutschland
zu einem europäischen Raumordnungskonzept**

gedruckt bei Wenzel, Marburg

MARBURGER GEOGRAPHISCHE SCHRIFTEN

Herausgeber: E. Buchhofer, W. Endlicher, G. Mertins,
H. Nuhn, A. Pletsch
Schriftleiter: W. Döpp

Z-175

Heft 125

Günter Mertins (Hrsg.)

Vorstellungen der Bundesrepublik Deutschland zu einem europäischen Raumordnungskonzept

– Referate eines Workshops am 26./27. 4. 1993 in Marburg –

Marburg/Lahn 1993

Im Selbstverlag der Marburger Geographischen Gesellschaft e. V.

Vorwort

Im Oktober 1992 ist an der Philipps-Universität die Interdisziplinäre Arbeitsgruppe Europa konstituiert worden, die sich unter anderem die Förderung und Koordinierung europabezogener Forschungs- und Lehrtätigkeit und die Planung und Durchführung europabezogener Veranstaltungen zum Ziel gesetzt hat. Nach dem Ende des Ost-West-Konflikts, das ja nicht nur die Vereinigung Deutschlands, sondern auch die Wiederherstellung Europas als einer Groß-Region mit sich brachte, haben sich die Bedeutung und der Einfluß Europas als Arbeitsfeld für eine rasch wachsende Zahl von wirtschaftlichen, kulturellen und politischen Tätigkeiten von uns allen schubartig vergrößert. Dies stellt auch eine große Herausforderung dar, denn das Arbeitsfeld Europa ist alles andere als übersichtlich und frei von Konflikten.

Wenn man es auf einen Begriff bringen will, so kann man sagen, daß es das Ziel der Arbeitsgruppe ist, nach ihren Kräften dazu beizutragen, daß das Arbeitsfeld Europa übersichtlicher wird - zum Nutzen unserer Studenten und Studentinnen und zur Verbesserung der Lebensbedingungen in Europa. Die Beiträge der Wissenschaft mögen bescheidener sein, als die Wissenschaftler es sich wünschen. Darauf zu verzichten, könnte sich keine Gesellschaft leisten.

Eines der ersten wissenschaftlichen Unternehmen der Arbeitsgruppe war der Workshop "Europäisches Raumordnungskonzept der Bundesrepublik Deutschland" im April 1993. Das Ziel dieser intensiven Tagung war es, die bis dahin vom Bundesministerium für Raumordnung, Bauwesen und Städtebau und anderen deutschen Ämtern und Behörden vorgelegten Materialien zu einem europäischen Raumordnungskonzept kritisch zu analysieren und zu diskutieren. In der kooperativen Konfrontation von Ansätzen und Perspektiven aus Wissenschaft und Praxis entstand ein dichter Dialog. Er sollte nutzbar gemacht werden für die Klärung zukünftiger Handlungsfelder und Prioritäten. Mit dieser Intention wird der Ertrag unseres ersten Workshops veröffentlicht.

Wir danken dem Bundesministerium für Raumordnung, Bauwesen und Städtebau für die finanzielle Unterstützung der Drucklegung dieses Bandes.

Prof. Dr. Wilfried von Bredow
Sprecher der Interdisziplinären Arbeitsgruppe Europa
Philipps-Universität Marburg

Preface

The Interdisciplinary Working Group on Europe of the Philipps-Universität was set up in October 1992. Its main goals are the promotion and co-ordination of Europe-centered research and teaching.

After the end of the East-West conflict not only Germany but Europe as well was in the process of re-unification. This process has not yet come to an end. It implies, however, a growing relevance of this macro-region in economic, social, cultural and political matters. It is a huge challenge to the Europeans, for Europe is anything but a harmonious and conflict-free continent. The Working Group is trying to contribute to a better understanding of European development and thus help the students of our University to find their way in the Europe of tomorrow and help to make Europe a better place to live in.

Academic endeavours in this perspective are probably more modest than the academic world would like to assume. But no society can just neglect them completely.

One of the first projects of the Working Group was the workshop on "German Concepts for Urban and Environmental Planning in Europe" in April 1993. This workshop provided a platform for an intense and critical dialogue between academics and practioners on the basis of material provided by the German Ministry of Urban and Environmental Planning and other German agencies. This dialogue was very useful for the participants of the workshop. Its contents should be taken into account in the debate on future programs and priorities in this field. It is with this in mind that we are publishing the results of the workshop.

We wish to thank the Federal Ministry of Regional Planning, Building and Urban Development for financial support.

Prof. Dr. Wilfried von Bredow
Inter-Disciplinary Working Group on Europe
Philipps-Universität Marburg

Inhalt/Contents

Vorwort   V

Preface   VI

Inhalt/Contents   VII

Welf Selke
Überlegungen zu einer europäischen Raumordnungskonzeption   1
Thoughts on a European Spatial Planning Concept   7

Karl Peter Schön
Kartographische Darstellungen zu einem europäischen
Raumordnungskonzept   13
Cartographic Presentation in the Context of a European Concept
of Regional Planning   20
Karten/Maps   27

Reinhard Hendler
Rechtliche Grundlagen einer europäischen Raumordnungspolitik . . .   37
Legal Basis of a European Regional Planning Policy   46
Literatur/Bibliography   54

Ekkehard Buchhofer
Kontinentale Transportkorridore in der EG
- ein Überblick aus deutscher Sicht   55
Continental Transport Corridors in the EC
- an Outline from the German Point of View   68
Literatur/Bibliography   80

Rolf-Dieter Postlep
Möglichkeiten eines horizontalen Finanzausgleichs zwischen
den Mitgliedsstaaten der Europäischen Gemeinschaft   83
Possibilities of a Horizontal Redistribution of Income between the
Member States of the European Community (EC)   94
Literatur/Bibliography   104

Günter Mertins

Die Rolle der Agglomerationen in der Vorstellung der Bundesre-
publik Deutschland für ein europäisches Raumordnungskonzept.... 107
The Rule of Agglomerations in the Federal Republic of Germany's
Conceptualisation for European Regional Planning............... 115
Literatur/Bibliography 123

Alfred Schüller

Die Agglomerationsproblematik aus Sicht des Ökonomen
- Anmerkungen zum Referat von Günter Mertins -............... 125
The Problem of Agglomeration from the Viewpoint of an
Economist - Comments on the Paper by Günter Mertins.......... 134
Literatur/Bibliography 142

Theo Schiller

Raumnutzungskonzeptionen für strukturschwache Regionen
in der Europäischen Gemeinschaft............................. 143
Concepts of Space Usage for Regions with Structural
Deficiencies in the European Community 151
Literatur/Bibliography 158

Autoren/Authors... 159

Überlegungen zu einer europäischen Raumordnungskonzeption

Welf Selke

1. Die europäische Dimension in der deutschen Raumordnungspolitik

In den letzten 1 1/2 Jahren hat der Aufgabenbereich der europäischen Raumordnung an politischer Bedeutung gewonnen. Dies belegt der von der Ministerkonferenz für Raumordnung im November 1992 verabschiedete raumordnungspolitische Orientierungsrahmen der Bundesrepublik Deutschland. Er enthält erste Vorstellungen zu einem europäischen Leitbild der Raumordnung. Raumordnungspolitik in der Bundesrepublik Deutschland hat gemäß unserer nationalen gesetzlichen Grundlagen, "die räumlichen Voraussetzungen für die Zusammenarbeit im europäischen Raum zu schaffen und sie zu fördern" (ROG, § 1 Abs. 3).

Die europäische Dimension in der deutschen Raumordnungspolitik muß stärker berücksichtigt werden; dies ist Folge der Integrationsdynamik in Europa. Durch die Zusammenführung der Wirtschaftsräume von EG und EFTA im Europäischen Binnenmarkt, die bevorstehende Gründung der Europäischen Union und den Systemumbruch in Mittel- und Osteuropa von der Plan- zur demokratisch legitimierten Marktwirtschaft bilden sich neue internationale Austausch- und Verflechtungsbeziehungen der deutschen Regionen, die zu quantitativen und qualitativen Veränderungen unserer Raum- und Siedlungsstruktur führen werden. Auch die Politik der Kommission der Europäischen Gemeinschaften in Brüssel wird die räumlichen Strukturen Deutschlands, insbesondere in den neuen Ländern, erheblich beeinflussen. So kann für den Zeitraum 1994/99 mit ca. 25 Mrd. DM EG-Fördermitteln zur Entwicklung von Städten und Regionen in diesem neuen deutschen Fördergebiet der Gemeinschaft gerechnet werden.

Eine internationale Zusammenarbeit auf dem Gebiet der Raumordnung gibt es im westlichen Europa seit annähernd drei Jahrzehnten. Die wesentliche europabezogene Aufgabe der Raumordnung in der Bundesrepublik Deutschland lag in der Vergangenheit in der grenzüberschreitenden räumlichen Kooperation; es wurden eine Reihe von Raumordnungsabkommen mit unseren Nachbarstaaten geschlossen, die die Zusammenarbeit in den letzten Grenzräumen regeln.

Daneben werden wichtige Fragen der europäischen Raumordnung seit 1970 in der Europäischen Raumordnungsministerkonferenz von den Staaten des Europarates behandelt. Die europäische Raumordnungscharta von 1983 ist Ausdruck dieser Bemühungen, sich in Europa auf Grundlinien einheitlicher Raumordnung zu verständigen. Die Aussagen der Charta bleiben allerdings auf hohem Abstraktionsniveau stehen. Sie hatten auf die Raumordnungspolitik in der Bundesrepublik Deutschland keine nachhaltigen Auswirkungen und müssen heute viel konkreter gefaßt werden.

Europa benötigt jetzt eine ländergrenzenüberschreitende Raumordnungspolitik, die die Konsequenzen aus dem Vertrag über die Europäische Union, aus der Öffnung der Grenzen im Osten und aus dem Zusammenwachsen der europäischen Staaten im Binnenmarkt zieht. Die deutsche Raumordnungspolitik ist aufgrund der veränderten geopolitischen Lage unseres Landes und unserer Erfahrungen mit Raumordnungsfragen im föderalen Staat hier besonders gefordert, am Aufbau einer europäischen Raumordnung aktiv mitzuwirken.

Das Bundesministerium für Raumordnung, Bauwesen und Städtebau hat auf diese neue Entwicklung rasch reagiert. Es wurde im letzten Jahr ein Referat "Europäische Raumordnung" geschaffen, welches Grundsatzfragen der europäischen Raumordnung bearbeitet. Die Ministerkonferenz für Raumordnung, in der die obersten Landesplanungsbehörden und das Bundesministerium gemäß unserer förderalen Struktur gemeinsam Raumordnungsangelegenheiten behandeln, berief kürzlich einen Ausschuß "Europäische Raumordnung", um die wachsende Anzahl von Themen zur europäischen Raumordnung und ihre Folgen für die Landesplanung besser beraten zu können.

Diese politisch-administrativen Arbeiten zur Europäischen Raumordnung müssen selbstverständlich von Seiten der Wissenschaft vorbereitet und begleitet werden. Die politikberatende europäische Raumforschung ist im Grunde genommen kein neues Forschungsthema, sie hat aber heute angesichts der politischen Entwicklung ebenfalls an Bedeutung gewonnen. Wichtige Forschungseinrichtungen, die das Bundesministerium beraten, sind die Akademie für Raumforschung und Landesplanung, die einen Europa-Ausschuß gegründet hat, die Bundesforschungsanstalt für Landeskunde und Raumordnung, die erst kürzlich ein neues Europa-Referat eingerichtet hat, sowie das Institut für Länderkunde in Leipzig mit seiner Europa-Abteilung. Daneben stehen dem Ministerium aus dem Ressortforschungsprogramm Mittel zur Verfügung, um spezielle Fragen zur europäischen Raumentwicklung untersuchen zu lassen.

Den Dialog in diesem Workshop der Interdisziplinären Arbeitsgruppe "Europa" der Philipps-Universität Marburg sehe ich als wichtigen Beitrag zur wissenschaftlichen Unterstützung unserer Arbeiten neben den traditionellen Strukturen politikberatender raumwissenschaftlicher Forschung an. Aus diesem Grunde sei dem Arbeitskreis für die Organisation dieses Workshops ausdrücklich gedankt.

2. Die Bedeutung des Vertrages über die Europäische Union für die Raumentwicklung in Europa

Der Vertrag über die Europäische Union, der im Februar 1992 in Maastricht unterzeichnet wurde, sieht keine originäre Raumordnungskompetenz für die EG-Kommission vor. Raumordnungspolitik bleibt - wie bisher - in der Verantwortung der Mitgliedstaaten. Dennoch stehen drei Kompetenztitel des Vertrages in besonderes engem sachlichen Zusammenhang mit der europäischen Raumentwicklung.

a) Titel XII: Transeuropäische Netze
(Art. 129 b-d)
Danach trägt die Gemeinschaft zum Ausbau und Aufbau transeuropäischer Netze in den Bereichen der Verkehrs-, Telekommunikations- und Energieinfrastruktur bei. Die Tätigkeit der Gemeinschaft zielt dabei auf den Ausbau dieser Netze ab und trägt insbesondere der Notwendigkeit Rechnung, insulare, eingeschlossene und am Rand gelegene Gebiete mit den zentralen Gebieten der Gemeinschaft zu verbinden (Art. 129 b Abs. 2). Um die vorgenannten Ziele zu erreichen, stellt die Gemeinschaft zudem Leitlinien auf, die Vorhaben von gemeinsamem Interesse ausweisen.

b) Titel XIV: Wirtschaftlicher und sozialer Zusammenhalt
(Art. 130 a-e)
Die Politik zur Stärkung des wirtschaftlichen und sozialen Zusammenhalts der Gemeinschaft soll durch die Strukturfonds fortgeführt werden. Neben den bestehenden Strukturfonds (Europäischer Ausrichtungs- und Garantiefonds für die Landwirtschaft, Sozialfonds, Regionalfonds) wird ein Kohäsionsfonds eingerichtet, der spezielle Vorhaben im Bereich transeuropäischer Netze und der Umweltpolitik der Gemeinschaft unterstützen soll (Art. 129 c).

c) Titel XVI: Umwelt
(Art. 130 r - t)
Die Umweltpolitik der Gemeinschaft beruht auf den Grundsätzen der Vorsorge und Vorbeugung sowie auf dem Verursacherpinzip. Die Erfordernisse des Umweltschutzes müssen bei der Festlegung und Durchführung anderer Gemeinschaftspolitiken einbezogen werden. Zur Durchsetzung seiner Umweltpolitik erläßt der Rat allgemeine Aktionsprogramme, Vorschriften überwiegend steuerlicher Art sowie auch Maßnahmen im Bereich der Raumordnung und der Bodennutzung.

Diese im Vertrag verankerten Kompetenzen ermöglichen ein gegenüber der einheitlichen Europäischen Akte stärkeres raumwirksames Tätigwerden der EG. Die Wahrnehmung raumbedeutsamer Kompetenzen durch die Gemeinschaft ist dabei durch die Beschlüsse des Europäischen Rates in Edinburgh vom Dezember 1992 finanziell abgesichert. Der Rat verabschiedete eine "finanzielle Vorausschau" für die Jahre 1993 bis einschließlich 1999, nach der sich die Verpflichtungen für strukturpolitische Maßnahmen in diesem Zeitraum auf etwa 176 Mrd. ECU belaufen; dies entspricht einem durchschnittlichen Jahresbetrag von ca. 25 Mrd. ECU gegenüber 13 Mrd. ECU p.a. im vorangegangenen Zeitraum 1988 - 1992 (alle Zahlen zu konstanten Preisen des Jahres 1992).

Von den finanziellen Verpflichtungen der Kommission entfallen künftig ca. 1/3 der Ausgaben auf strukturpolitische Maßnahmen. Diese Mittel werden in ausgewählten Regionen eingesetzt. Die Politik der Kommission der EG wird also künftig noch gezielter als in der Vergangenheit die Entwicklung der Städte und Regionen in einzelnen Teilräumen EG-Europas beeinflussen.

3. Mitgliedstaatliche Zusammenarbeit auf dem Gebiet der Raumordnung

Unser Ministerium vertritt seit dem dritten informellen Treffen der EG-Minister für Raumordnung und Regionalpolitik in Den Haag (November 1991) die Politik der mitgliedstaatlichen Zusammenarbeit in allen Angelegenheiten der Europäischen Raumordnung. Eine zentrale Raumordnungspolitik durch die Kommission lehnt die Bundesregierung ab. Mitgliedstaatliche Zusammenarbeit bedeutet für uns, daß die Staaten der EG die Verantwortung tragen müssen bei der Ausgestaltung ihrer nationalen Raumordnungspolitiken in Richtung auf eine in sich stimmige Raumentwicklungspolitik in Europa. Vorstellungen zur räumlichen Entwicklung Europas müssen demnach in den nationalen Staaten erarbeitet werden; dies gebietet schon das Subsidiaritätsprinzip.

Diese Zusammenarbeit wird allerdings dadurch erschwert, daß der Gemeinschaftsraum bisher nicht durch nationale oder regionale Raumordnungspläne oder -konzepte abgedeckt wird. In einzelnen Mitgliedstaaten (Italien, Spanien) wird Raumordnungspolitik nur auf regionaler Ebene durchgeführt.

Der Deutsche Bundestag hat im April 1993 den Rahmen künftiger europäischer Raumordnungspolitik aus deutscher Sicht abgesteckt und die Bundesregierung aufgefordert, mit den nationalen Raumplanungsbehörden der Mitgliedstaaten Beratungen zur Überprüfung bzw. Festlegung von raumordnungspolitischen Zielen auf europäischer Ebene aufzunehmen. Er hat angeregt, ein europäisches Raumentwicklungskonzept auszuarbeiten und mit unseren Partnern in der EG zu beraten.

4. Europäisches Raumentwicklungskonzept

In der Bundesrepublik Deutschland sind sich die Bundesraumordnung und die obersten Landesplanungsbehörden einig, daß die Sektorplanungen der Kommission (Industrie-, Agrar-, Struktur-, Verkehrs-, Umweltpolitik) sich an gesamt-

4

europäischen raumordnerischen Leitbildern orientieren müssen. Um in dieser Frage den Dialog mit den elf übrigen Staaten und der Kommission anzustoßen, hat das Bundesministerium für Raumordnung, Bauwesen und Städtebau ein Beratungspapier vorgelegt, welches Grundsätze eines europäischen Raumordnungskonzeptes skizziert. Die drei grundsätzlichen Ziele für die Raumentwikkung Europas sind danach:

- die Herstellung bzw. Sicherung räumlich ausgewogener dezentraler Siedlungsstrukturen über Staatsgrenzen hinweg (Ordnungsziel);
- die Umstrukturierung und Stärkung strukturschwacher europäischer Teilräume, damit sie sich den neuen Rahmenbedingungen besser anpassen und ihre eigenen Entwicklungskräfte entfalten können (Entwicklungsziel);
- eine Annäherung der Lebens- und Arbeitsbedingungen über Staatsgrenzen hinweg zwischen Räumen unterschiedlicher Versorgungsqualität und Entwicklungsintensität (Ausgleichsziel).

Diese Ziele sollen erreicht werden durch ein zwischen den Mitgliedstaaten untereinander und mit der Kommission abgestimmtes raumordnerisches Leitbild für Europa, an dem sich die Politikbereiche der Kommission und der Mitgliedstaaten orientieren sollen. Im einzelnen geht es dabei um:

- Ausbau einer leistungsfähigen Raum- und Siedlungsstruktur in den noch schwächer entwickelten Räumen der EG, insbesondere ihre Einbindung in transeuropäische Infrastrukturnetze als zentrale Voraussetzung zur Verwirklichung des Kohäsionszieles der Gemeinschaft;
- Sicherung einer dezentralen Raum- und Siedlungsstruktur in den hochentwikkelten europäischen Räumen bei sich ändernden demographischen, wirtschaftlichen, ökologischen, technologischen und soziokulturellen Rahmenbedingungen;
- umweltgerechten Ausbau leistungsfähiger Verkehrskorridore - mit Einbindung in die Flächenerschließung - in Mitteleuropa zur Bewältigung der wachsenden West-Ost- und Nord-Süd-Verkehrsströme;
- Herstellung dynamischer, umweltsanierter Entwicklungsregionen (Aktionsräume) in den strukturschwächsten Räumen als Stützen einer dezentral ausgerichteten Raum- und Siedlungsentwicklung;
- Wahrung der natürlichen Lebensgrundlagen in allen Teilen Europas, insbesondere in den hochverdichteten Industrieregionen, unter anderem durch Erhaltung der naturnahen Räume und ihre ökologisch wirksame Vernetzung;
- Weiterentwicklung bzw. Aufbau dezentraler regionaler Verwaltungsorganisationen und politischer Entscheidungsstrukuren zur Verbesserung von regionaler Raumplanung, die die regionale Identität wahren hilft;
- weiteren Ausbau und Förderung der staatlichen und kommunal orientierten grenzüberschreitenden Zusammenarbeit an den Binnen- und Außengrenzen der Gemeinschaft.

Im Unterschied zur Europäischen Raumordnungscharta von 1983 werden diese raumordnerischen Ziele bzw. Leitbilder in konkrete kartographische Aussagen umgesetzt. Zur Verwirklichung dieser Zielvorstellungen werden sodann einzelne Handlungsfelder für nationale Raumordnungspolitiken auf europäischer Ebene beschrieben. Dabei ist auch berücksichtigt, daß Europäische Raumordnung nicht an den EG-Außengrenzen stehenbleiben kann; sie muß den größeren europäischen Raum miteinbeziehen. Insofern ist eine enge Zusammenarbeit auch mit Staaten außerhalb des EG-Raumes wichtig.

Die kartographische Umsetzung raumordnerischer Zielvorstellungen ist ein wichtiges Koordinierungsinstrument. Aufgabe der Bundesforschungsanstalt für Landeskunde und Raumordnung ist es, im Sinne einer politikberatenden Raumforschung das Ministerium hierbei zu beraten und entsprechende Kartenentwürfe auszuarbeiten. Mein Kollege, Herr Dr. Schön, wird im Anschluß erste Arbeitsergebnisse vorstellen.

Die Kommission der Europäischen Gemeinschaften hat die Notwendigkeit einer Forschungskooperation wissenschaftlicher Institute in Fragen der europäischen Raumordnung erkannt. Sie ist dabei, ein Netzwerk von politikberatenden Instituten aufzubauen, um die grenzüberschreitende Zusammenarbeit der Raumforschungsinstitute zu fördern. Dies kann auch die Zusammenarbeit der nationalen Raumplanungsbehörden erleichtern, die ihre Pläne und Programme vielfach auf wissenschaftliche Studien stützen.

In diesem Zusammenhang muß aber auch der Wert interdisziplinärer Zusammenarbeit in Europa bei allen Raumordnungsfragen betont werden. Wenn europäische Raumordnungspolitik darauf abzielt, die Sektorplanungen nach räumlichen Gesichtspunkten koordinieren zu wollen, bedeutet dies, daß auch die die Sektorpolitiken beratenden Forschunginstitutionen den Raum als Untersuchungsobjekt bei ihren Forschungsfragen mitbehandeln müssen. Hier kann ein wichtiger Anstoß von diesem Workshop ausgehen, um die räumliche Dimension der europabezogenen Forschung einzelner Fachbereiche angemessen zu berücksichtigen.

Thoughts on a European Spatial Planning Concept

Welf Selke

1. The European dimension in German spatial planning policy

Over the past 18 months the scope of activities in the field of spatial planning at European level has gained in political significance. This is evidenced by the Guidelines for Regional Planning - General Principles for Spatial Development in the Federal Republic of Germany adopted by the Standing Conference of Ministers responsible for Regional Planning in November 1992. This contains some tentative ideas for a European regional planning precept. In accordance with our national statutory basis regional planning policy in the Federal Republic of Germany must "create and promote the spatial pre-conditions for cooperation within Europe" (Federal Regional Planning Act, Section 1, Subsection 3).

Greater account of the European dimension must be taken in German spatial planning policy; this is one of the consequences of the forces of integration in Europe. As a result of the bringing together of the economic areas represented by the EEC countries on the one hand and the EFTA countries on the other in the European Economic Area, the forthcoming establishment of European Union and the radical changes in the countries of Central and Eastern Europe moving from centrally planned economies to democratically legitimized market economies new international trading relations and interconnections of the German regions are forming, which will lead to quantitative and qualitative changes in our spatial and settlement structures. The policies pursued by the Commission of the European Communities in Brussels will also have a significant influence on the spatial structures in Germany, especially on those in the new Länder. Thus, funding amounting to approximately DM 25 billion may be expected for the period 1994-1999 to be used for developing towns and regions in this new Community assistance area in Germany.

International co-operation in the field of spatial planning has existed in western Europe for almost three decades now. The most important European task of spatial planning in the Federal Republic of Germany in the past has been in the field of transfrontier cooperation; a series of spatial planning agreements were concluded with neighbouring countries regulating cooperation in border areas.

Important questions of European spatial planning have also been dealt with since 1970 by the member states of the Council of Europe in the European Conference of Ministers responsible for Regional Planning. The European Spatial Planning Charter, drawn up in 1983, is an expression of these efforts to come to an understanding on the principal features of a uniform spatial planning in

Europe. However, the statements in the Charter remain at a high level of abstraction. They have had no lasting effect on spatial planning policy in the Federal Republic of Germany and need today to be put into much more concrete terms.

Europe now needs a spatial planning policy which cuts across national boundaries and which draws the relevant consequences from the Treaty on European Union, from the opening up of the borders in the east and from the growing together of the countries of Europe in the Single European Market. Given the new geopolitical situation of our country and our experience of spatial planning questions in a federally structured country, demands are made on German spatial planning policy in particular to play an active role in developing spatial planning at European level.

The Federal Ministry for Regional Planning, Building and Urban Development reacted swiftly to this new development. A European Spatial Planning Division was set up last year to deal with basic issues of spatial planning at European level. The Standing Conference of Ministers responsible for Regional Planning, in which the highest planning authorities at Land level and the Federal Ministry - in accordance with the federal structure of our country - jointly deal with spatial planning matters, recently appointed a Committee on European Spatial Planning to improve discussion of the growing number of topics in the field of spatial planning at European level and their consequences for planning at state level.

This political and administrative work on European spatial planning must, of course, be prepared and monitored by the scientific world. European regional research providing advice on policy is basically not a new topic for research; however, it too has now gained in importance in view of the political developments taking place. Important research establishments advising the Federal Ministry are the Academy for Regional Research and Regional Geography, which has appointed a Committee on Europe, the Federal Research Institute for Regional Geography and Regional Planning, which has only recently set up a new Europe Division, and the Institute for Regional Geography in Leipzig with its Europe Department. The Ministry also has funds at its disposal from the departmental research programme enabling it to have research carried out on special questions relating to spatial development at European level.

I regard the dialogue in this workshop organized by the Interdisciplinary Working Party EUROPA at the University of Marburg as an important contribution to the scientific support for our work in addition to the traditional structures of regional scientific research providing advice on policy matters. I would therefore like to sincerely thank the Working Party for organizing this workshop.

2. The significance of the Treaty on European Union for spatial development in Europe

The Treaty on European Union, which was signed in February 1992 in Maastricht, does not envisage any autonomous powers for the European Commission in the field of spatial planning. Spatial planning policy remains, as here to fore, the responsibility of the Member States. However, three of the Titles of the Treaty are particularly closely connected in terms of subject matter with European spatial development.

a) Title XII: Trans-European Networks
   (Article 129b-d)
   Under the terms of this Title, the Community will contribute to the establishment and development of trans-European networks in the areas of transport, telecommunication and energy infrastructures. The action by the Community will be aimed at promoting the development of these networks and will take account in particular of the need to link isolated, landlocked and peripheral regions with the central regions of the Community (Article 129b(2)). In order to achieve the above-mentioned goals, the Community is also drawing up guidelines designating projects of common interest.

b) Title XIV: Economic and Social Cohesion
   (Article 130a-e)
   It is intended to continue to pursue the policy of strengthening the economic and social cohesion of the Community with the aid of the structural Funds. In addition to the existing structural Funds (European Agricultural Guidance and Guarantee Fund - Guidance Section; European Social Fund; European Regional Development Fund), a Cohesion Fund is being set up which is intended to support specific projects in the fields of environment and trans-European networks (Article 129c).

c) Title XVI: Environment
   (Article 130r-t)
   The Community's environmental policy is based on the precautionary principle, on the principle of preventive action and on the principle that the polluter should pay. Environmental protection requirements must be integrated into the definition and implementation of other Community policies. To carry out its policies in the environmental field, the Council will adopt general action programmes, provisions primarily of a fiscal nature as well as measures in the field of spatial planning and land use.

These powers laid down in the Treaty make it possible for the EEC to take more regionally significant action than has been possible under the terms of the Single European Act. The discharge of regionally significant functions by the

Community was placed on a firm financial basis by the resolutions adopted by the European Council in Edinburgh in December 1992. The Council adopted a Financial Perspective for the period 1993 up to and including 1999. This envisages that the commitments for structural policy measures for this period will amount to approximately 176 billion ECUs; this corresponds to an average annual figure of roughly 25 billion ECUs compared with 13 billion ECUs per annum for the previous period 1988-1992 (all figures at constant 1992 prices).

Of the financial commitments of the Commission about one-third of expenditure will in the future be accounted for by structural policy measures. These funds will go to selected regions. The policies pursued by the European Commission will therefore influence the development of townsand regions in particular areas of the Community territory on a more specifically targeted basis in the future than has been the case in the past.

3. Co-operation among the Member States in the field of spatial planning

Since the third informal meeting of Ministers of the EEC Member States responsible for Physical Planning and Regional Policy, held in the Hague (November 1991), our Ministry has advocated pursuing a policy of cooperation among the Member States on all questions of spatial planning at European level. The Federal Government rejects the idea of a centralized spatial planning policy pursued by the Commission. To us cooperation among the Member States means that responsibility for developing their national spatial planning policies into a coherent spatial planning policy for Europe must rest with the Member States themselves. Concepts for the spatial development of Europe must therefore be drawn up by the Member States; this is required by the principle of subsidiarity.

This co-operation is made more difficult, however, by the fact that national or regional spatial plans or concepts have not yet been drawn up covering the Community's territory. In individual Member States (Italy, Spain), spatial planning policy is only pursued at regional level.

In April 1993, the German Bundestag established the framework for future spatial planning policy in Europe from a German point of view and called upon the Federal Government to enter into discussions with the national spatial planning authorities in the Member States with a view to reviewing and determining the aims and objectives of spatial development policy at European level. It suggested drawing up a European spatial development concept and discussing this with our European partners.

4. European spatial development concept

The highest planning authorities at federal and state level in the Federal Republic of Germany agree that the sectorplanning undertaken by the Commission (industrial, agricultural, structural, transport, environmental policy) must be based on pan-European spatial planning concepts. In order to initiate a dialogue on this question with the other 11 Member States and with the Commission, our Ministry has submitted a consultation paper outlining principles for a European spatial planning concept. The three principal aims and objectives of spatial development at European level are seen as:

- establishing and/or securing regionally balanced decentralized settlement structures across national boundaries (regulative objective);
- restructuring and strengthening structurally weaker areas of Europe, thus allowing them to adapt better to the new general conditions and to realize their own development potential (development objective);
- achieving a convergence of living and working conditions across national boundaries between areas of differing standards of service provision and development intensity (balancing objective).

It is intended to achieve these aims and objectives with the aid of a spatial planning concept for Europe co-ordinated among the Member States themselves and with the European Commission and serving as a guide for the policies pursued by the Commission and the Member States. It is a question heremore specifically of the following:

- Development of an efficient spatial and settlement structure in the areas of the Community that are still poorly developed - in particular their integration into trans-European infrastructure networks as one of the chief requirements to be met in achieving the Community's cohesion target;
- Securing a decentralized spatial and settlement structure in the densely populated parts of Europe in the face of changing general demographic, economic, ecological, technological and socio-cultural conditions;
- Environmentally appropriate development of efficient traffic and transport corridors - including integration into the servicing of land - in Central Europe to cope with the growing East-West and North-South traffic flows;
- Establishment of dynamic, environmentally rehabilitated development regions (action areas) in the structurally weakest areas as a means of supporting a decentralized spatial and settlement development;
- Safeguarding natural resources in all parts of Europe, especially in the densely populated industrial regions, by, among other things, preserving areas close to nature and by linking them up to form ecologically effective networks;
- Developing or further developing decentralized regional administrative organizations and political decisionmaking structures with a view to improving spatial planning, which helps to preserve regional identity;

- Further development and promotion of supralocally and locally based transfrontier co-operation along the internal and external borders of the Community.

By contrast with the European Spatial Planning Charter, adopted in 1983, these spatial planning aims and concepts will be translated into concrete cartographic statements. To translate these aims and objectives into practical application, individual fields of action for national spatial planning policies at European level will then be described. In doing this, account will also be taken of the fact that European spatial planning can not stop at the external borders of the European Community; it must also incorporate the territory of Europe as a whole. It is therefore important to have close co-operation with the countries outside the Community as well.

The translation of the aims and objectives of spatial planning into practical application in cartographic form is an important coordinating instrument. Within the context of regional research providing advice on policy matters, it is the task of the Federal Research Institute for Regional Geography and Regional Planning to advise the Ministry on this and to prepare the relevant draft maps. After this talk, my colleague, Dr. Schön, will present the initial results of work carried out.

The Commission of the European Communities has recognized the need for co-operation on research among scientific institutes on questions relating to spatial planning at European level. It is currently in the process of building up a network of institutes providing advice on policy matters with a view to promoting transfrontier co-operation among institutes undertaking regional research. This may also facilitate co-operation among the national spatial planning authorities which base their plans and programmes in many cases on scientific studies.

The value of interdisciplinary co-operation in Europe on all questions of spatial planning must, however, also be emphasized in this context. If European spatial planning policy aims to coordinate sector planning from a regional point of view, this means that the research institutes providing advice on sectoral policies must include "space" as a subject of investigation in their research work. This workshop can provide an important incentive to take the regional dimension of the Europe-oriented research of individual sectors more adequately into account.

Kartographische Darstellungen
zu einem europäischen Raumordnungskonzept

Karl Peter Schön

1. Zur Funktion von Karten im Kontext eines europäischen Raumordnungskonzeptes

Die durch die zunehmende Integration Westeuropas, die Öffnung Mittel- und Osteuropas sowie die Wiedervereinigung Deutschlands veränderten geopolitischen Bedingungen in Europa haben der Perspektive der Raumordnung neue Impulse gegeben. Nicht nur in Deutschland, sondern auch in vielen anderen europäischen Ländern ist die Diskussion über Ziele der räumlichen Entwicklung und Strategien raumordnungspolitischer Aktivitäten wieder in Gang gekommen. Dabei wird zunehmend auch die europäische Perspektive mit einbezogen.

Im Kontext der Aktivitäten des Europarates kam bereits mit der ersten Europäischen Raumordnungsministerkonferenz (EMKRO) in Bonn im Jahre 1970 die Idee der Notwendigkeit einer auf europäischer Ebene formulierten Raumordnungspolitik auf mit dem Ziel der Förderung einer ausgewogenen, dezentralen Entwicklung in Europa. Dreizehn Jahre später, am 20. Mai 1983, haben sich die europäischen Raumordnungsminister auf die europäische Raumordnungscharta verständigt. In dieser Charta sind allgemeine Grundsätze der Raumordnung in Europa verankert, jedoch keine räumlich konkreten Konsequenzen. Heute, also nach weiteren zehn Jahren und unter veränderten politischen Rahmenbedingungen in Europa, sind die Voraussetzungen gegeben, räumliche Leitbilder und Zielvorstellungen für Europa konkreter zu formulieren, als es vor zehn Jahren möglich war.

Eine wichtige Voraussetzung hierfür ist, daß sich die Daten- und Informationsgrundlagen zur Entwicklung der Regionen in Europa verbessert haben. Zwar sind die Defizite auch weiterhin gravierend und unübersehbar, doch gibt es mit der Regio-Datenbank des Statistischen Amtes der Gemeinschaft (EUROSTAT) eine Basis regionaler Daten und Indikatoren, die wichtige Aspekte der Struktur und Entwicklung der Regionen in der Europäischen Gemeinschaft abdeckt. Daneben sind in den letzten Jahren, nicht zuletzt durch entsprechende Forschungsaufträge der Kommission der Gemeinschaft, viele sektorale und/oder teilräumliche wissenschaftliche Studien entstanden, deren "Puzzle-Teile" zu einem relativ fundierten - wenn auch in den seltensten Fällen flächendeckenden - Bild der regionalen Entwicklung in Europa bzw. der EG zusammengesetzt werden können.

Schwieriger wird allerdings die Ausgangssituation, wenn gesamt-europäische Informationen gefordert sind. Hier stecken sowohl die Anstrengungen der Herstellung gemeinsamer, vergleichbarer Datengrundlagen als auch auf Gesamt-Europa bezogene empirische Forschungsarbeiten noch in den Anfängen. Die Entwicklung von europäischen Raumordnungsperspektiven aber darf nicht auf das Gebiet der Europäischen Gemeinschaft beschränkt bleiben, sondern muß an einem größeren europäischen Raum orientiert sein (vgl. den Beitrag von W. SELKE). Dies ist aber aus den genannten Gründen sowohl hinsichtlich wissenschaftlicher, empirischer Analysen als auch hinsichtlich politischer Zielaussagen und Konzepte zur Zeit noch nur sehr eingeschränkt möglich.

Trotz dieser Einschränkungen hat die Bundesforschungsanstalt für Landeskunde und Raumordnung die an sie gestellte Herausforderung angenommen, in Kooperation mit dem Referat "Europäische Raumordnung" des Bundesministeriums für Raumordnung, Bauwesen und Städtebau die zentralen Ziel- und Handlungsdimensionen der Beratungsgrundlage zu einem europäischen Raumentwicklungskonzept durch kartographische Darstellungen zu illustrieren. Im folgenden sollen einige dieser Karten vorgestellt werden. Dabei handelt es sich um noch unfertige "Arbeitskarten", die - mehr oder weniger aussagekräftig - einzelne Aspekte der Aussagen der Beratungsgrundlage visualisieren, ohne bereits den hohen Anforderungen gerecht werden zu können, die an analytisch fundierte und konzeptionell durchdachte Darstellungen der thematisierten, teilweise höchst komplexen Sachverhalte zu stellen sind. Dem "Workshop"-Charakter der Veranstaltung in Marburg entsprechend, wird daher im folgenden Kapitel ein Werkstatt-Bericht gegeben mit Karten, die nicht als "Endprodukte" mißverstanden werden sollten.

2. Beschreibung ausgewählter Karten zur Beratungsgrundlage des Bundesministeriums für Raumordnung, Bauwesen und Städtebau[1]

2.1 Zur Europäischen Integrationsdynamik

Die Karten 1a und 1b spiegeln den gegenwärtigen Stand und die absehbare Dynamik der europäischen Integration wider. Die derzeit zwölf Mitgliedstaaten der Europäischen Gemeinschaft werden nach der Ratifizierung der sog. Maastrichter Verträge ihre Beziehungen im Rahmen einer "Europäischen Union" vertiefen. Mit Österreich, Schweden, Finnland und Norwegen führt die EG-Kommission derzeit Beitrittsverhandlungen. Mit dem Beitritt dieser vier EFTA-Staaten zur EG wird die EFTA und der zwischen EFTA und EG gebildete "Europäische Wirtschaftsraum" an Bedeutung verlieren, es sei denn, daß die beitrittswilligen mittel- und osteuropäischen Staaten über die Institution EFTA bzw. EWR allmählich an die EG herangeführt würden. Mit zur Zeit sechs mittel-

und osteuropäischen Staaten sind in jüngster Vergangenheit sog. Europa-Abkommen geschlossen worden, mit denen die Zusammenarbeit und der Handel zwischen diesen Ländern und der EG gestärkt werden soll. Diese Europa-Abkommen stellen auf längere Sicht einen Beitritt dieser Länder zur Europäischen Union in Aussicht.

Neben der Europäischen Gemeinschaft und deren Vertiefungs- und Erweiterungstendenzen spielt - gerade auch auf dem Gebiet der Raumordnung - der Europarat und dessen Aktivitäten eine bedeutende Rolle. Nach der politischen Wende in Mittel- und Osteuropa sind praktisch alle europäischen Staaten entweder Mitglied im Europarat oder haben die Mitgliedschaft beantragt (vgl. Karte 1b). Schon seit längerem arbeiten die Staaten im Europarat im Rahmen der Europäischen Ministerkonferenz für Raumordnung zusammen. Mit der im Jahre 1983 beschlossenen Europäischen Raumordnungscharta haben sie eine Grundlage für die internationale Zusammenarbeit auf dem Gebiet der Raumordnung in Europa geschaffen.

2.2 Europäische Stadtregionen

Die Städte und Stadtregionen sind wichtige Träger der europäischen Integration. Sie sind die "Lokomotiven" der wirtschaftlichen Entwicklung, hier sind die wichtigen internationalen Funktionen und die weltweit operierenden Steuerungszentralen der Wirtschaft konzentriert. Mit der Globalisierung der wirtschaftlichen Austauschprozesse ist die Bedeutung der international orientierten Städte gewachsen. Es liegt daher im vitalen Interesse der europäischen Staaten, die Funktionsfähigkeit der Städte im Rahmen einer polyzentralen Siedlungsstruktur zu sichern und auszubauen (vgl. die Beiträge von G. MERTINS und A. SCHÜLLER). Dazu gehört auch, daß den jüngst zu beobachtenden wirtschaftlichen und sozialen Polarisierungstendenzen innerhalb der Städte, zwischen den Städten sowie zwischen Zentrum und Peripherie entgegengewirkt wird.

Die Karte 2 stellt den Versuch dar, die wichtigsten Städte und Stadtregionen Europas nach ihrer internationalen Bedeutung zu klassifizieren. Die Karte ist in mehreren Arbeitsschritten entstanden, was vor allem damit zusammenhängt, daß es zum derzeitigen Zeitpunkt weder eine einheitliche Datenbasis für europäische Städte gibt noch empirische Studien, die sich auf das gesamte europäische Städtesystem beziehen. Deshalb mußten Forschungsarbeiten zugrundegelegt werden, die sich hinsichtlich Untersuchungsraum, Methodik und Indikatoren unterscheiden, so daß eine Synopse im strengen Sinne nicht möglich war. Auf der Basis dieser Studien wurde ein erster Typisierungsvorschlag entwickelt, der mit Experten diskutiert und daraufhin modifiziert worden ist. Bei dieser Überarbeitung wurde dann eine zweistufige Klassifikation eingeführt, die neben einer analytischen Beschreibung des Ist-Zustandes auch eine Beschreibung einer möglichen bzw. politisch gewünschten zukünftigen Entwicklung einschließt.

Die Karte ist - wie die meisten anderen der hier besprochenen Karten - eher Denkanstoß und Illustration eines zu lösenden Problems als die fertige Visualisierung eines Lösungskonzeptes. Das Ziel der Herstellung bzw. Sicherung einer leistungsfähigen dezentralen Raum- und Siedlungsstruktur bedarf vielfältiger Diskussionen auf europäischer Ebene über geeignete Operationalisierungen und einzusetzende Strategien. Der Versuch, die hierarchische Struktur des Städtesystems kartographisch darzustellen, ist ein kleiner Beitrag und erster Schritt zu dieser Diskussion.

2.3 Leistungsfähiges und umweltverträgliches Verkehrssystem

Die europäische Integration und der intensivere Austausch von Gütern und Personen bedingen neue Anforderungen an eine umweltverträgliche Bewältigung der zunehmenden Verkehrsströme. In der Karte 3 wird davon ausgegangen, daß die Zentren in Europa durch ein Hochgeschwindigkeitssystem des Personenfernverkehrs miteinander verbunden werden sollten. Durch eine ergänzende Anbindung von national bedeutsamen Zentren im Schienen- und Luftverkehr soll eine möglichst flächendeckende Erschließung erreicht werden.

Als Hintergrundinformation der Karte 3 sind für jede Region die Reisezeiten dargestellt, die jeweils zum nächstgelegenen Flughafen oder Hochgeschwindigkeitsbahnhof benötigt werden. Diese Reisezeiten wurden mit Hilfe des Erreichbarkeitsmodells EVA der BfLR berechnet.

Weiterhin ist beabsichtigt, die Auswirkungen des Ausbaues der Hochgeschwindigkeitsinfrastruktur für den Personenfernverkehr auf die räumliche Lage der europäischen Regionen zu untersuchen. Dabei werden sowohl die Verbesserung der Verbindungsqualitäten im europäischen Zentrensystem als auch die regionalen Erschließungswirkungen der Haltepunkte berechnet. Die "raumordnerische Netzvorstellung" kann dann bewertet und fortentwickelt werden im Sinne von räumlichen Zielvorstellungen der Abmilderung von peripheren Randlagen und der möglichst gleichwertigen Erschließung der europäischen Zentren sowie der Einbindung in die flächenerschließenden Straßen- und Schienennetze der Regionen. Ferner sollen die Betrachtungen analog auch für den Güterverkehr in Europa fortgesetzt werden.

2.4 Wahrung der natürlichen Lebensgrundlagen

Ein weiteres Ziel der europäischen Raumentwicklung ist die Wahrung der natürlichen Lebensgrundlagen in allen Teilen Europas, unter anderem durch die Erhaltung der naturnahen Räume und ihre ökologisch wirksame Vernetzung formuliert. Um dieses Ziel zu konkretisieren, müssen vorhandene natürliche Potentiale und landschaftsräumliche Besonderheiten der Regionen dargestellt sowie Umweltbelastungen und -beeinträchtigungen herausgearbeitet werden. Die Informationsgrundlagen hierzu sind derzeit noch lückenhaft, insbesondere was gesamteuropäisch vergleichbare Daten anbetrifft.

Karte 4 zeigt ein Beispiel für den Versuch, eine ökologische Hauptstruktur in der Europäischen Gemeinschaft zu entwickeln. Die Karte wurde entworfen von N.T. Bischoff und R.H.G. Jongman, Landwirtschaftliche Universität Wageningen[2].

2.5 Dezentrale politische Entscheidungsstrukturen

Durch den Vertrag von Maastricht ist die Europäische Union dem Subsidiaritätsprinzip verpflichtet. Die Bundesregierung vertritt die Position, daß dieses Prinzip auch auf europäische Raumordnungspolitiken Anwendung finden muß und daher Vorstellungen zur räumlichen Entwicklung Europas in den nationalen Staaten und deren Regionen entwickelt werden müssen. Ebenfalls durch den Vertrag über die Europäische Union erhalten die Regionen größere Mitwirkungsmöglichkeiten in der Europäischen Union, indem ein beratender Ausschuß aus Vertretern der regionalen und lokalen Gebietskörperschaften, genannt "Ausschuß der Regionen", errichtet wird. In Deutschland werden die Bundesländer 21 der 24 deutschen Mitglieder des Ausschusses stellen, die drei kommunalen Spitzenverbände die restlichen drei. In anderen Ländern ist die Definition der regionalen und kommunalen Vertretungsebene noch offen.

Dies zeigt bereits, daß der politische Stellenwert und Einfluß der Regionen und Kommunen in den einzelnen Mitgliedstaaten der Gemeinschaft sehr unterschiedlich ausgeprägt ist. Hiervon werden die Arbeit des Ausschusses der Regionen und die raumordnungspolitischen Abstimmungsprozesse zwischen den nationalen und regionalen Planungsträgern nicht unberührt bleiben. Es ist deshalb wichtig, die unterschiedlichen Planungssysteme und insbesondere die unterschiedlichen Kompetenzen der Regionen zur Kenntnis zu nehmen.

Als erster Ansatzpunkt hierzu wurde in der Karte 5 "The Divisions of Authority"[3] die Bedeutung regionaler Einheiten im System der vertikalen Gewaltenteilung in den verschiedenen europäischen Staaten dargestellt. Hier ist der Versuch gemacht worden, die verfassungsmäßige Verankerung der regionalen Ebene in den Staaten Europas in vier Kategorien abzubilden: In unitaristischen Staaten gibt es keine verfassungsmäßige vertikale Gewaltenteilung; in Ländern der Kategorie "unentrenched regions" existieren Regionen, deren Rechte aber - im Gegensatz zur dritten Kategorie "entranched regions" - nicht in der Verfassung abgesichert sind. Unter die vierte Kategorie fallen föderalistisch aufgebaute Staaten.

2.6 Raumordnungspolitische Aktionsräume

Zur Stärkung des wirtschaftlichen und sozialen Zusammenhalts in der Gemeinschaft setzt die EG im Rahmen ihrer Regionalpolitik insbesondere Fördermittel des Europäischen Fonds für Regionalentwicklung (EFRE) ein. Neben Fördergebieten, die insgesamt in ihrer wirtschaftlichen Entwicklung hinter dem EG-Durchschnitt zurückgeblieben sind (Ziel-1-Gebiete), werden Regionen mit rückläufiger industrieller Entwicklung (Ziel-2-Gebiete) und ländliche Regionen mit agrarstrukturellen Problemen (Ziel-5b-Gebiete) gefördert (vgl. Karte 6a). Trotz dieser Förderprogramme haben sich die Disparitäten in Europa in den letzten Jahren nicht vermindert, und eine schnelle Angleichung der Lebensbedingungen in Europa kann nicht erwartet werden.

Aus raumordnungspolitischer Perspektive besteht ein erhöhter Handlungsbedarf vor allem in solchen Regionen, in denen verschiedene Problemdimensionen zusammentreffen. Als erster Ansatz zur Darstellung einer solchen Problemkumulation sind in den Karten 6a bis 6d die Aspekte "wirtschaftliche Schwäche" (6a), "Arbeitsmarktprobleme" (6b), "Erreichbarkeitsdefizite" (6c) sowie "Umweltbelastungen" (6d) dargestellt. In weiteren Analysen ist diese parallele Betrachtung einzelner Problembereiche durch eine integrierte Perspektive zu ersetzen, um solche Regionen identifizieren zu können, die einen besonders hohen raumordnerischen Handlungs- bzw. Koordinationsbedarf aufweisen.

3. Schlußbemerkungen

Mit der Beratungsgrundlage des Bundesministeriums für Raumordnung, Bauwesen und Städtebau und den dargestellten kartographischen Illustrationen der Bundesforschungsanstalt für Landeskunde und Raumordnung sollte ein Anstoß gegeben und ein Anfang gemacht werden für Überlegungen zu einem Raumordnungskonzept auf europäischer Ebene. Konkrete Zielvorstellungen und Leitbilder zur räumlichen Entwicklung in Europa müssen nun gemeinsam, in partnerschaftlicher Zusammenarbeit der europäischen Länder erarbeitet werden. Kartographische Visualisierungen sollen die hierfür nötigen Diskussionsprozesse anregen und zu einer sachlichen und räumlichen Konkretisierung der Ideen beitragen. So betrachtet ist es kein "Defizit", daß die Karten keine Endprodukte darstellen, sondern es ist vielmehr durchaus deren zentrale Funktion, als flexible Arbeitsinstrumente zu dienen und den jeweils erreichten Stand des Diskussionsprozesses abzubilden und widerzuspiegeln.

Anmerkungen

1   Bis auf die kopierten Fremd-Karten sind alle Karten in der Bundesforschungsanstalt für Landeskunde und Raumordnung im Referat "Raumordnung in Europa" entstanden. Die Karten wurden von Dieter Hillesheim erstellt. Maßgeblich beteiligt war Dipl.-Geographin Brigitte Schabhüser. Karte 3 wurde von Dr. Horst Lutter und Thomas Pütz (Referat "Verkehr und Energie") entworfen. - Die hier reproduzierten Karten sind auf dem Stand vom Sommer 1993, also gegenüber den im April in Marburg präsentierten Karten bereits ein Stück weiterentwikkelt. Da die Karten im Original farbig sind, war es nicht immer möglich, die für diesen Band geforderten schwarz-weißen Abdrucke ohne Qualitätseinbußen zu erzeugen.

2   Quelle: Bischoff, N.T. & Jongman, R.H.G.: Development of Rural Areas in Europe. the Claim fore Nature. Netherlands Scientific Council for Government Policy. The Hague 1993, S. 57.

3   Quelle: Atlas of The New Europe, Düsseldorf 1992.

Cartographic Presentation
in the Context of a European Concept of Regional Planning

Karl Peter Schön

1. The function of maps in the context of a European concept for regional planning

The geopolitical conditions in Europe, which have changed owing to the growing integration of West Europe, the opening of Central and Eastern Europe as well as the German reunification have given new incentives to the perspectives of regional planning. Not only in Germany but also in many other European countries the discussion about the aims of spatial development and the strategies of regional planning activities has started again. The discussion also involves increasingly the European perspective.

In connection with the activities of the Council of Europe the idea of the necessity of a regional planning policy formulated on a European level has already arisen during the first European Conference of Ministers responsible for Regional Planning in Bonn in 1970. This idea aims at the promotion of a balanced decentral development in Europe. Thirteen years later, on 20 May 1983, the European Ministers of Regional Planning have agreed on the European Regional Planning Charter. This Charter contains general principles of European regional planning but does not contain any spatially concrete consequences. At present, owing to changed political background conditions in Europe it is possible to formulate spatial guidelines and objectives for Europe more concretely than ten years ago.

An important condition is the fact that the data and information principles for the development of the regions in Europe have improved. Although the deficits continue to be serious and immense the Regio data bank of the Statistical Office of the Community (EUROSTAT) provides a basis of regional data and indicators which cover important aspects of the structure and development of the regions in the European Community. Furthermore many scientific sector and/or subarea studies have been carried out during the last years, last but not least due to appropriate research contracts of the European Commission. These results show a rather detailed but not always area-covering picture of the regional development in Europe respectively the EC.

However, the situation becomes more difficult if information for Europe as a whole is required because the efforts for the production of common comparable data bases as well as empirical research works refering to Europe as a whole are still at the beginning. The development of European regional planning perspec-

.tives, however, should not be limited to the area of the EC but has to concern a larger European area. In his introducing paper my colleague Dr Selke has already emphasized this fact. But owing to the reasons already mentioned this is presently only possible in a very limited way as well with regard to scientific empirical analyses as with regard to political target statements and concepts.

In spite of these limitations the Federal Research Institute for Regional Geography and Regional Planning has accepted the challenge to illustrate the central target and action dimensions of the advisory paper for an European spatial developent concept by cartographic illustrations in cooperation with the European Regional Planning department of the Federal Ministry for Regional Planning, Building and Urban Development. On the next pages some of these maps will be presented. They are still drafts which show several aspects of the statements of the advisory paper more or less expressively. But they cannot yet meet the high requirements which have to be made of illustrations for the partly highly complex facts which are analytically founded and thought out in a conceptual way. According to the "workshop" character of this event the following chapter will give a workshop report including maps which are not supposed to be misunderstood as "final products".

2. Description of selected maps serving as advisory basis of the Federal Ministry[1]

2.1. The European dynamics of integration

Maps 1a and 1b reflect the present position and the foreseeable dynamics of European integration. After the ratification of the so-called Maastricht Treaty the twelve member states of the EC will deepen their relationship in the framework of a "European Union". At present the European Commission is negociating with Austria, Sweden, Finland and Norway about their joining to the EC. If these four EFTA countries join the EC, the EFTA and the "European Economic Area" formed by EC and EFTA will loose their significance except if the Central and East European countries being ready to join the EC were gradually linked to the EC over the EFTA respectively the European Economic Area. Not long ago the EC has come to so-called European agreements with six Central and East European countries with which cooperation and trade shall be strengthened. These European agreements include the chances of the joining of these countries to the European Union in the long run.

In addition to the EC and their tendencies of deepening and extension the Council of Europe and its activities play a very important role especially in the sector of regional planning. After the political change in Central and East Europe nearly every European country is either member of the Council of Europe or it has already applied for joining it (compare map no 1b). The member states of the Council of Europe have already been working together in the framework of the European Conference of Ministers responsible for Regional Planning. By the European Regional Planning Charter of 1983 they have created a basis for the international cooperation in the sector of regional planning in Europe.

2.2 Urban regions in Europe

The cities and urban regions are important representatives of the European integration. They are the driving powers of economic development. The important international functions and the worldwide operating control centres of economy are concentrated there. By the extension of the economic exchange process throughout the world the importance of the international orientated cities has increased. Therefore it is the vital interest of the European countries to secure and to extend the functional capability of the cities in the framework of a poly-centric settlement structure. This means, it is also necessary to counter the economical and social polarization tendencies which could be observed recently in the cities, between the cities as well as between centre and periphery.

Map no 2 represents the effort to classify the most important cities and urban regions in Europe according to their international importance. The map has been created by several work steps which has mainly to do with the fact that, at the moment, there is neither a standard data basis for European cities nor any empirical studies which refer to the whole European urban system. Therefore research works had to be based which are different regarding investigation area, methodology and indicators so that an exact synopsis was not possible. Based on these studies a first standardization proposal was made which was discussed with experts and then modified. During this revision also a two-stage classification was introduced, which includes an analytical description of the actual situation as well as a description of a possible respectively future development which is desired on a political basis.

This map, like the other maps mentioned here, is more an impulse and an illustration of a problem which has to be solved than the completed presentation of the concept of a solution. The aim of creating respectively safeguarding an efficient decentral spatial and settlement structure needs many discussions on an European level about how to realize sub-goals and on concrete strategies to be used. The attempt to illustrate the hierarchical structure of the urban system by maps is a first step to this discussion.

2.3 An efficient and environmentally acceptable traffic system

European integration and the more intensive exchange of goods and persons make new requirements for an environmentally acceptable management of the growing traffic flows. Map no 3 proceeds from the assumption that the main European centres should be connected by a high-speed railway system. A further improvement as area-covering as possible shall be realized by a completing connection of national important centres to rail and air transport.

As background information for map no 3 the travel times of every region to the next airport or high-speed railway station are illustrated. These travel times were calculated with the help of the accessibility model EVA of the Federal Research Institute for Regional Geography and Regional Planning.

Furthermore the effects of the extension of the high-speed infrastructure on the spatial position of the European regions are supposed to be examined. Here both the amelioration of the connection qualities between the European centres and the regional effects of new TGV stations are calculated. As a result the network idea can be judged and improved according to spatial objectives such as the moderation of peripheral areas, the improvement of the European centres as equal as possible and the connection to the road and railway systems of the regions. Besides, these considerations shall be continued analogously for the transport of goods in Europe.

2.4 Maintaining the natural fundamentals of life

A further aim of European spatial development is the maintenance of the natural bases of life in all parts of Europe among other things by the preservation of nature and the cross-linking being effective on the ecological basis. In order to make this aim concrete existing natural potentials and landscape area peculiarities of the regions have to be shown as well as environmental burdens and disorders have to be worked out. The informative bases for this are still incomplete especially as far as data, which are comparable in the whole of Europe, are concerned.

Map 4 shows an example for the attempt to develop a tentative ecological main structure in the European Community. This map has been designed by N.T. Bischoff and R.H.G. Jongman, Agricultural University of Wageningen[2].

2.5 Decentral political decision-making structures

Due to the Maastricht Treaty the European Union is based on the subsidiarity principle. The German position is that this principle must also be applied on European spatial planning policies and that, therefore, ideas for the spatial development of Europe have to be developped in the national states and their regions. By the treaty on the European Union the regions will also have more possibilities of participation in the European Union by creating an advisory committee consisting of representatives of the regional and local authorities called "Committee of the Regions". In Germany the "Länder" will provide 21 of the 24 members of the committee and the local federations the other three. In other countries the representation on regional and local level is not yet defined.

This already shows that the political weight and the influence of the regions and communities in the individual member states of the EC is very different. This will also influence the work of the Committee of the Regions and the regional planning consulting processes between the national and regional planning authorities. Therefore it is important to take the different planning systems and the different competences of the regions in particular into consideration.

As a first step for this the status of regional units within the system of the vertical division of authorities in the different European countries was illustrated in the map called "The Divisions of Authority".[3] It is the effort to illustrate the constitutional establishment of the regional level in the countries of Europe by four categories: There is no constitutional vertical division of authorities in unitary states; in the countries of the category "unentrenched regions" there are regions whose rights are, however, not constitutionally established in contrary to the third category called "entrenched regions". The forth category are the federalist countries.

2.6 Regional planning action areas

In order to support the economic and social cohesion in the Community the EC uses subsidies of the European Fund for Regional Development in the framework of its regional policy. Apart from subsidized areas which are altogether behind the EC average concerning their economic development (goal 1 areas), regions with declining industrial development (goal 2 areas) and rural regions with agricultural structure problems (goal 5b areas) are subsidized (compare map no 6a). Despite these subsidy programs the disparities in Europe have not decreased during the last years and a quick adjustment of the living conditions in Europe is not to be expected.

From the regional planning perspective there is an increased need of action and coordination especially in those regions where different problem dimensions coincide. As a first step for the presentation of such a problem accumulation the points "economic weakness" (6a), "labour market problems" (6b), "accessibility deficits" (6c) and "environmental burdens" (6d) are shown in the maps 6a to 6d. In further analyses this parallel consideration of individual problem fields has to be replaced by an integrated perspective in order to be able to identify those regions which have an especially high need in regional planning action and coordination.

3. Final comments

The advisory paper of the Federal Ministry for Regional Planning, Building and Urban Development and the cartographic illustrations of the Federal Research Institute for Regional Geography and Regional Planning should induce and start considerations for a regional planning concept on an European level. Concrete objectives and models for spatial development in Europe have to be worked out together with the EC commission and by a partnership cooperation of the European countries. Cartographic illustrations are supposed to induce the necessary discussions for this and to contribute to a more concrete objective and spatial definition of these ideas. So it is no disadvantage that the maps do not represent "final products" but it is rather their main function to serve as flexible working instruments and to illustrate and reflect the actual position of the discussion process.

Notes

1) All maps have been produced in the Federal Research Institute for Regional Geography and Regional Planning in the department "Regional Planning in Europe", except the copies of the outside maps. The maps were created by Dieter Hillesheim. Brigitte Schabhüser has a substantial part in the project. Map no 3 was created by Dr Horst Lutter and Thomas Pütz (Department of "Traffic and Energy").The maps reproduced here correspond to the condition of Summer 1993, that means, they have been developped further in contrast to the maps which have been presented in Marburg in April. As the originals maps are coloured, it was not always possible to produce the black-white copies necessary for this volume without limitation of quality.
2) Bischoff, N.T. & Jongman, R.H.G.: Development of Rural Areas in Europe. The Claim for Nature. Source: Netherlands Scientific Council for Government Policy. The Hague 1993, page 57
3) Source: Atlas of The New Europe, Düsseldorf 1992.

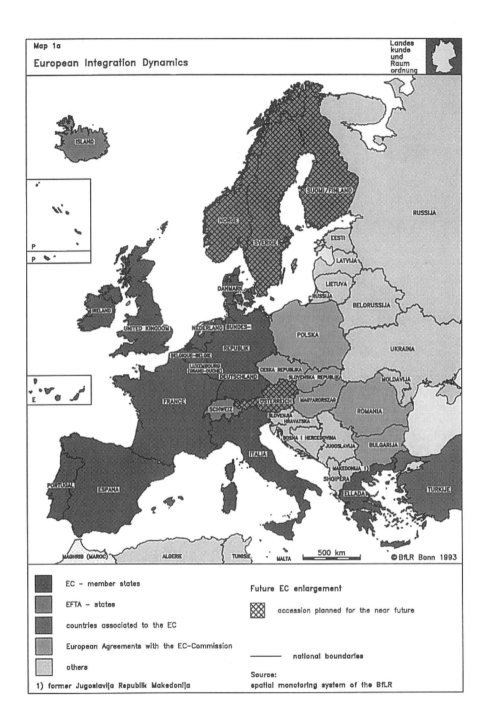

Map 1a

European Integration Dynamics

Landes
kunde
und
Raum
ordnung

ISLAND

P
P

E

NORGE

SVERIGE

SUOMI/FINLAND

RUSSIJA

EESTI

LATVIJA

LIETUVA

DANMARK

RUSSIJA

BELORUSSIJA

IRELAND

UNITED KINGDOM

NEDERLAND

BUNDES—
REPUBLIK

POLSKA

UKRAINA

BELGIQUE-BELGIE

LUXEMBOURG
(GRAND-DUCHE)

DEUTSCHLAND

CESKA REPUBLIKA

SLOVENSKA REPUBLIKA

MOLDAVIJA

FRANCE

SCHWEIZ

OSTERREICH

MAGYARORSZAG

ROMANIA

SLOVENIJA

HRVATSKA

BOSNA I HERCEGOVINA

JUGOSLAVIJA

BULGARIJA

ITALIA

MAKEDONIJA 1)

SHQIPERA

PORTUGAL

ESPANA

ELLADA

TURKIJE

MAGHRIB (MAROC)

ALGERIE

TUNISIE

MALTA

500 km

© BfLR Bonn 1993

EC - member states

EFTA - states

countries associated to the EC

European Agreements with the EC-Commission

others

1) former Jugoslavija Republik Makedonija

Future EC enlargement

accession planned for the near future

———— national boundaries

Source:
spatial monotoring system of the BfLR

27

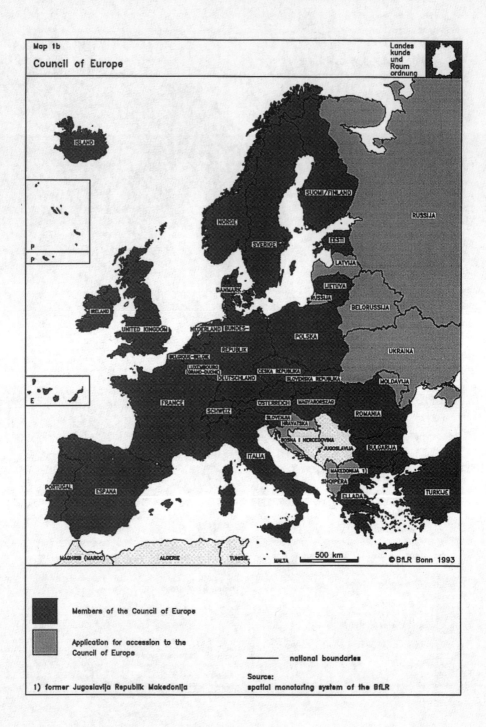

Map 1b

Council of Europe

Landes
kunde
und
Raum
ordnung

ISLAND

P
P

E

SUOMI/FINLAND

RUSSIJA

NORGE

SVERIGE

EESTI

LATVIJA

LIETUVA

RUSSIJA

DANMARK

BELORUSSIJA

IRELAND

UNITED KINGDOM

NEDERLAND BUNDES—

POLSKA

UKRAINA

BELGIQUE-BELGIE

REPUBLIK

LUXEMBOURG
(GRAND-DUCHÉ)

DEUTSCHLAND

CESKA REPUBLIKA

SLOVENSKA REPUBLIKA

MOLDAVIJA

FRANCE

SCHWEIZ

ÖSTERREICH

MAGYARORSZAG

ROMANIA

SLOVENIJA

HRVATSKA

BOSNA I HERCEGOVINA

JUGOSLAVIJA

BULGARIJA

ITALIA

MAKEDONIJA 1)

SHQIPERIA

PORTUGAL

ESPANA

ELLADA

TURKIJE

MAGHRIB (MAROC)

ALGERIE

TUNISIE

MALTA

500 km

© BfLR Bonn 1993

Members of the Council of Europe

Application for accession to the
Council of Europe

———— national boundaries

1) former Jugoslavija Republik Makedonija

Source:
spatial monotoring system of the BfLR

28

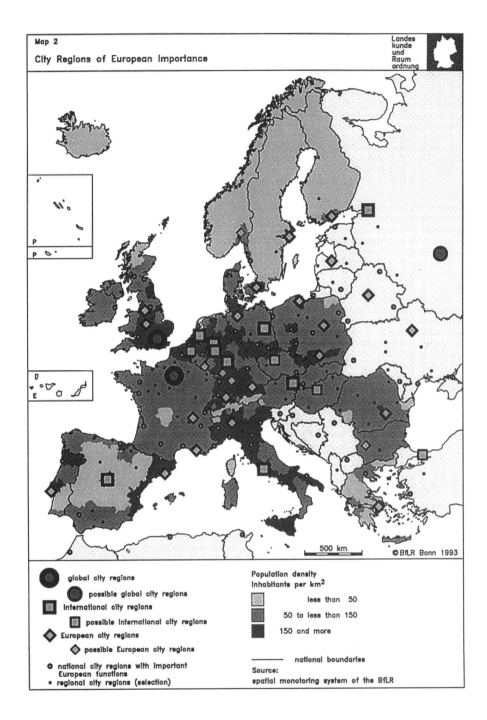

Map 2

City Regions of European Importance

Landeskunde und Raumordnung

○ global city regions
◉ possible global city regions
▣ international city regions
▣ possible international city regions
◈ European city regions
◇ possible European city regions
◎ national city regions with important European functions
• regional city regions (selection)

Population density
inhabitants per km²
less than 50
50 to less than 150
150 and more

—— national boundaries

Source:
spatial monotoring system of the BfLR

500 km

© BfLR Bonn 1993

29

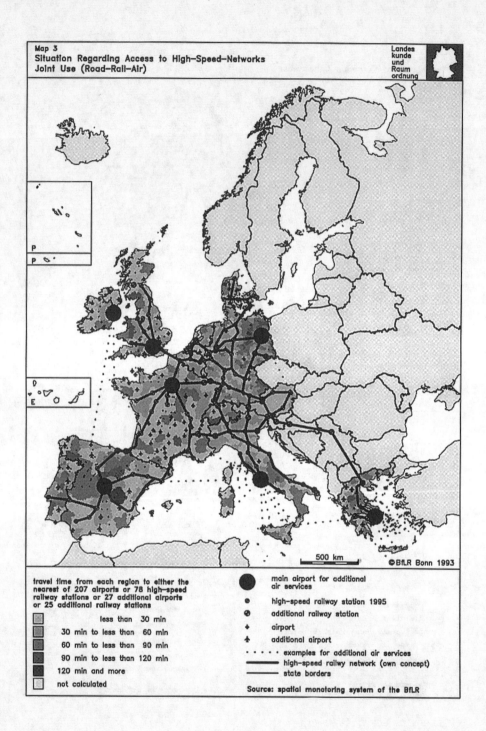

Map 3
Situation Regarding Access to High-Speed-Networks
Joint Use (Road-Rail-Air)

Landes
kunde
und
Raum
ordnung

500 km

©BfLR Bonn 1993

travel time from each region to either the
nearest of 207 airports or 78 high-speed
railway stations or 27 additional airports
or 25 additional railway stations

less than 30 min
30 min to less than 60 min
60 min to less than 90 min
90 min to less than 120 min
120 min and more
not calculated

● main airport for additional
air services
⊙ high-speed railway station 1995
⊕ additional railway station
✦ airport
⚓ additional airport
· · · · examples for additional air services
━━━ high-speed railway network (own concept)
━━━ state borders

Source: spatial monitoring system of the BfLR

Map 4

Tentative Ecological Main Structure in the European Community

Landes
kunde
und
Raum
ordnung

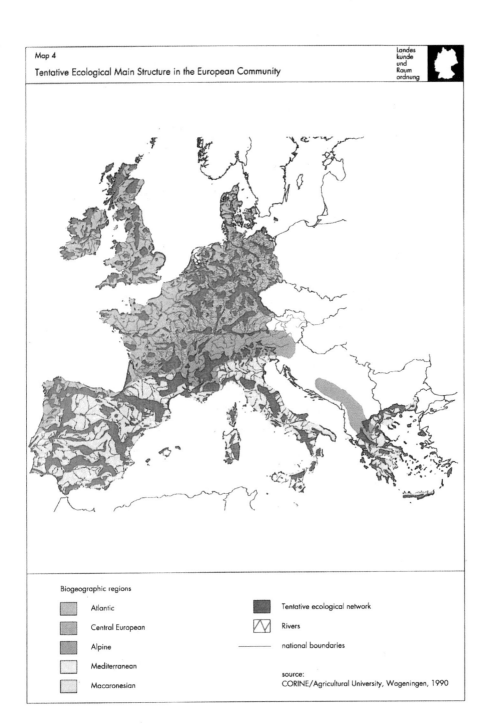

Biogeographic regions

- Atlantic
- Central European
- Alpine
- Mediterranean
- Macaronesian

Tentative ecological network

Rivers

national boundaries

source:
CORINE/Agricultural University, Wageningen, 1990

31

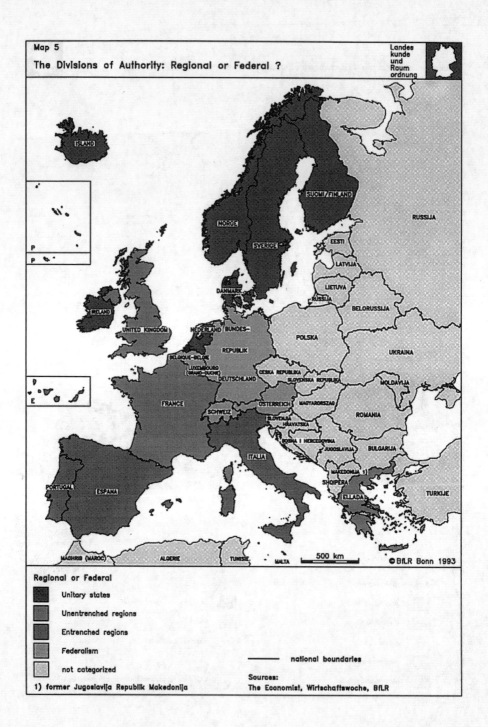

Map 5

The Divisions of Authority: Regional or Federal ?

ISLAND

P
P

IRELAND

UNITED KINGDOM

NORGE

SVERIGE

SUOMI/FINLAND

DANMARK

RUSSIJA

EESTI

LATVIJA

LIETUVA

RUSSIJA

BELORUSSIJA

NEDERLAND BUNDES-

REPUBLIK

POLSKA

UKRAINA

BELGIQUE-BELGIE

LUXEMBOURG
(GRAND-DUCHE)

DEUTSCHLAND

CESKA REPUBLIKA

SLOVENSKA REPUBLIKA

MOLDAVIJA

FRANCE

SCHWEIZ

ÖSTERREICH

MAGYARORSZAG

ROMANIA

SLOVENIJA

HRAVATSKA

BOSNA I HERCEGOVINA

JUGOSLAVIJA

BULGARIJA

D
E

ITALIA

MAKEDONIJA 1)

SHQIPERA

ELLADA

TURKIJE

PORTUGAL

ESPANA

MAGHRIB (MAROC)

ALGERIE

TUNISIE

MALTA

500 km

© BfLR Bonn 1993

Regional or Federal

- Unitary states
- Unentrenched regions
- Entrenched regions
- Federalism
- not categorized

—————— national boundaries

1) former Jugoslavija Republik Makedonija

Sources:
The Economist, Wirtschaftswoche, BfLR

Map 6a

Regions eligible under the EC Structural Funds

Landes
kunde
und
Raum
ordnung

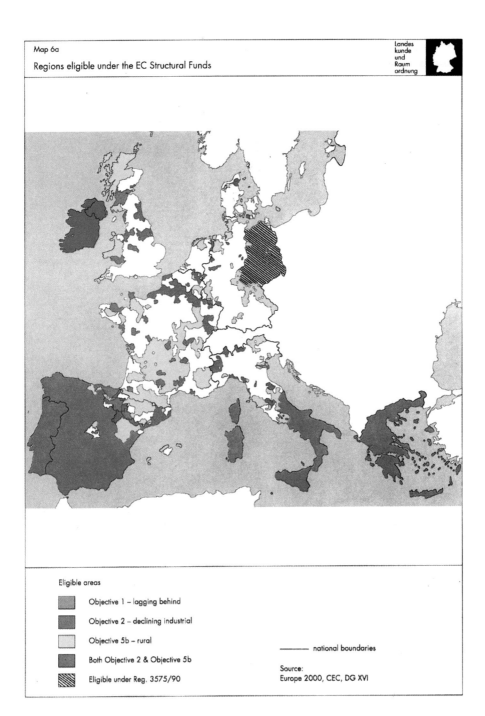

Eligible areas

Objective 1 – lagging behind

Objective 2 – declining industrial

Objective 5b – rural

Both Objective 2 & Objective 5b

Eligible under Reg. 3575/90

————— national boundaries

Source:
Europe 2000, CEC, DG XVI

33

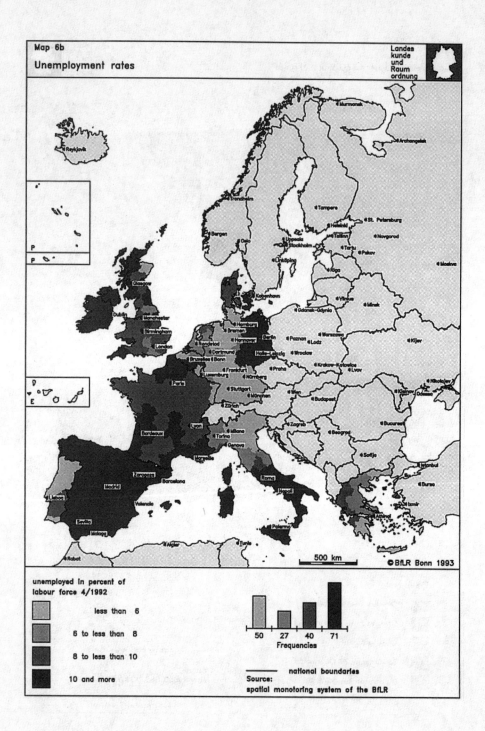

Map 6b

Unemployment rates

Landes
kunde
und
Raum
ordnung

Reykjavik

Murmansk

Archangelsk

Trondheim

Tampere

St. Petersburg

Bergen   Helsinki   Novgorod

Oslo   Uppsala Tallinn

Stockholm   Tartu   Pskov

Linköping

Riga   Moskva

København

Glasgow   Gdansk-Gdynia   Minsk

Dublin Manchester   Poznan Warszawa   Kijev

Birmingham   Hamburg Berlin Lodz

London Randstad Hannover   Wroclaw

Dortmund Halle-Leipzig Praha Krakow-Katowice Lvov

Bruxelles Bonn

Luxemburg Frankfurt Nürnberg   Wien

Paris   Stuttgart   München Budapest

Zürich   Zagreb

Bordeaux Lyon   Milano   Beograd

Torino   Bucuresti

Genova   Sofija

Marseille   Istanbul

Zaragoza Barcelona   Bursa

Madrid   Izmir

Lisboa   Athinai

Valencia

Sevilla   Palermo

Malaga

Alger   Tunis   500 km   © BfLR Bonn 1993

Rabat

**unemployed in percent of
labour force 4/1992**

less than 6

6 to less than 8

8 to less than 10

10 and more

| 50 | 27 | 40 | 71 |

Frequencies

——— national boundaries

Source:
spatial monotoring system of the BfLR

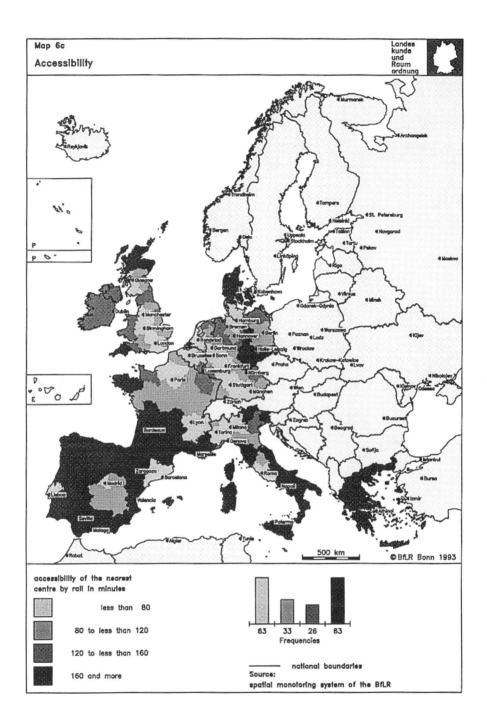

Map 6c

Accessibility

accessibility of the nearest
centre by rail in minutes

less than 80

80 to less than 120

120 to less than 160

160 and more

| 63 | 33 | 26 | 63 |

Frequencies

national boundaries

Source:
spatial monotoring system of the BfLR

© BfLR Bonn 1993

500 km

35

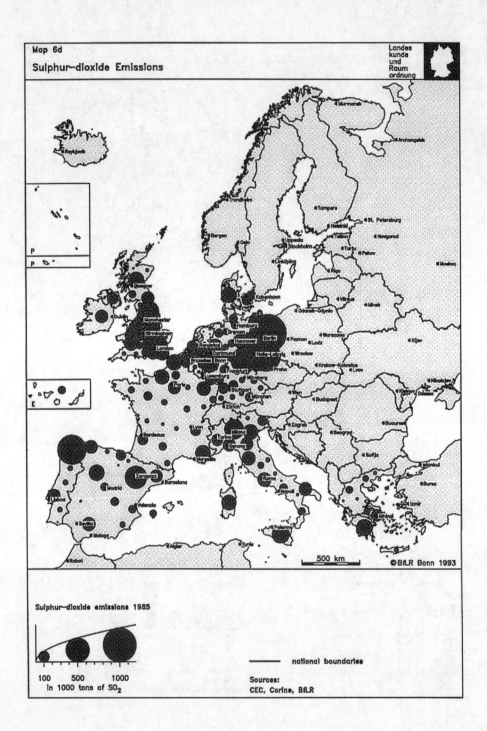

Map 6d

Sulphur–dioxide Emissions

Landes
kunda
und
Raum
ordnung

Sulphur–dioxide emissions 1985

100   500   1000
in 1000 tons of SO$_2$

—— national boundaries

Sources:
CEC, Corine, BfLR

500 km

©BfLR Bonn 1993

36

Rechtliche Grundlagen einer europäischen Raumordnungspolitik

Reinhard Hendler

1. Einleitung

Aus rechtlicher Sicht ist die Raumordnung auf europäischer Ebene nur schwach ausgeprägt. Insbesondere verfügt die EG über keine originäre Raumordnungskompetenz. Ein raumordnungspolitisches Mandat ist ihr bislang vorenthalten worden. Daran hat auch der am 1. November 1993 in Kraft getretene Maastrichter "Vertrag über die Europäische Union" nichts geändert.

Immerhin bestehen aber auf europäischer Ebene einige bedeutsame raumordnungspolitische Ansätze. Hierzu gehören u.a.
- die 1970 beim Europarat gegründete Europäische Raumordnungsminister-konferenz (EMKRO);
- die 1983 von dieser Konferenz verabschiedete Europäische Raumordnungscharta sowie
- die Kooperation von Nachbarstaaten auf dem Gebiet der Raumordnung.

Wenngleich der EG keine originäre Raumordnungskompetenz zusteht, so besitzt sie doch verschiedene raumbedeutsame Kompetenzbereiche. Hervorgehoben seien insoweit die Bereiche
- der Landwirtschaft (Art. 48 ff. EG-Vertrag),
- des Verkehrs (Art. 74 ff. EG-Vertrag),
- der transeuropäischen Netze (Art. 129b ff. EG-Vertrag),
- der Regionalpolitik (Art. 130a ff. EG-Vertrag) sowie
- der Umweltpolitik (Art. 130r ff. EG-Vertrag).

Hinsichtlich der Umweltpolitik besteht zudem die Besonderheit, daß in dem für dieses Sachgebiet einschlägigen Art. 130s EG-Vertrag dem Rat die Befugnis eingeräumt wird, "Maßnahmen im Bereich der Raumordnung" zu erlassen. Daß der Begriff der Raumordnung im EG-Vertrag erscheint, geht auf die Vereinbarungen von Maastricht über die Europäische Union zurück. Es handelt sich hierbei jedoch nicht um ein eigenständiges raumordnungspolitisches Mandat der Gemeinschaft, sondern lediglich um einen Bestandteil der Umweltpolitik. Die raumordnerischen Maßnahmen nach Art. 130s EG-Vertrag sind gleichsam in die Umweltpolitik eingebunden. Sie werden durch das umweltpolitische Mandat der Gemeinschaft zugleich legitimiert und limitiert.

Mit Rücksicht auf ihre raumbedeutsamen Kompetenzbereiche hat die EG bereits besondere institutionsrechtliche Vorkehrungen getroffen. So sind z.B. bei der Kommission und dem Rat die "Ausschüsse für Raumentwicklung" eingerichtet worden. Und das Europäische Parlament hat einen Ausschuß für Regionalpolitik und Raumordnung gebildet. Ferner sei darauf hingewiesen, daß die Kommission 1991 das Dokument "Europa 2000" vorgelegt hat, das eine Analyse der bestehenden räumlichen Verhältnisse und vorsichtige Entwicklungsperspektiven enthält.

Fragen der europäischen Raumordnungspolitik sind derzeit Gegenstand einer verstärkten öffentlichen Diskussion[1]. Zunehmend erörtert werden namentlich Möglichkeiten einer Intensivierung der Raumordnung auf europäischer Ebene, wobei die EG im Vordergrund steht, auf die ich mich auch im folgenden konzentrieren möchte. Den Erörterungen liegt - soweit sie die EG betreffen - eine dreifache Zielsetzung zugrunde:

(1) Koordinierung der raumbedeutsamen Maßnahmen der Gemeinschaft,
(2) Harmonisierung der raumbedeutsamen Maßnahmen von Gemeinschaft und Mitgliedstaaten,
(3) Harmonisierung der raumbedeutsamen Maßnahmen der Mitgliedstaaten.

In der aktuellen Diskussion wird u.a. angeregt, die raumordnerische Kooperation zwischen den Nachbarstaaten auszubauen. Diese Anregung betrifft von den drei vorstehend erwähnten Zielsetzungen nur die letzte. Allerdings geht sie darüber insofern hinaus, als die nachbarstaatliche Kooperation nicht nur an den Binnengrenzen, sondern auch an den Außengrenzen der EG verstärkt werden soll. Die Anregung erfaßt daher sowohl die Mitgliedstaaten der EG als auch Drittstaaten. Aus der Sicht der Gemeinschaft besitzt sie eine innen- und eine außenpolitische Dimension. In der Sache handelt es sich hier um die Fortentwicklung von Ansätzen, die bereits seit geraumer Zeit bestehen[2]. Grundlegende Probleme ergeben sich insoweit nicht. Dies gilt auch für Überlegungen, daß die EG raumrelevante Daten sammelt und ggfs. zu einem Raumordnungskataster zusammenfügt, Studien über die räumlichen Verhältnisse erstellt, Entwicklungslinien aufzeigt etc. Mit dem Dokument "Europa 2000" sind hier bereits ausbaufähige Ansätze vorgelegt worden.

Erhöhte Aufmerksamkeit verdienen jene Vorschläge, die sich auf die Erarbeitung eines "Europäischen Raumentwicklungskonzepts" bzw. eines "raumordnerischen Leitbilds" oder die "Aufstellung von Richtlinien für die nationalen Raumordnungspläne" beziehen. Dabei bietet der Gedanke, ein Europäisches Raumentwicklungskonzept zu erstellen, den breitesten Ansatz. Allerdings ist er bisher lediglich skizzenhaft konkretisiert worden. Daher möchte ich nunmehr nähere Überlegungen darüber anstellen, wie ein Europäisches Raumentwicklungskonzept inhaltlich ausgestaltet werden könnte.

2. Raumordnerische Selbstbindung der Gemeinschaft

Anzuerkennen ist das Erfordernis der Koordination und Abstimmung der verschiedenen Politikbereiche der Gemeinschaft, um gegensätzliche räumliche Auswirkungen der ergriffenen Maßnahmen und sonstige Reibungsverluste zu vermeiden. Es wäre z.B. in der Sache, aber auch unter finanziellen Gesichtspunkten außerordentlich mißlich, wenn die Gemeinschaft ihre Landwirtschafts- oder Verkehrspolitik durch ihre eigene Umweltpolitik konterkarieren würde. Dies könnte etwa dadurch geschehen, daß die Verkehrspolitik auf den extensiven Ausbau der Verkehrswege gerichtet ist, während die Umweltpolitik hier einen restriktiven Kurs verfolgt. Insofern ist es wichtig sicherzustellen, daß das raumbedeutsame Handeln der Gemeinschaft, insbesondere der Einsatz von Förderungsmitteln (Strukturfonds), gleichsam aus einem Guß erfolgt und widersprüchliche Maßnahmen vermieden werden. Die entscheidende Frage geht dahin, wie dieses Ziel erreicht werden kann bzw. soll. Insoweit sind zwei Modelle der Zielerreichung zu unterscheiden, die sich in der Praxis jedoch durchaus kombinieren lassen.

2.1 Grundsätzemodell

Zunächst ist daran zu denken, daß die Gemeinschaft raumordnerische Grundsätze nach Art des § 2 ROG entwickelt und festlegt. Diese Grundsätze können beispielsweise die Erhöhung der Lebensqualität im ländlichen Raum, den Schutz ökologisch wertvoller Gebiete, die Verdichtungsbegrenzung in den Ballungsräumen etc. betreffen. Es geht hier um die Erarbeitung von Abwägungsgesichtspunkten, die von der Gemeinschaft bei ihren Entscheidungen über raumbedeutsame Maßnahmen zu berücksichtigen sind. Eine derartige Selbstbindung dürfte bereits nach geltendem Recht zulässig sein, da es der Gemeinschaft nicht verwehrt werden kann, ihre raumbedeutsamen Maßnahmen in den verschiedenen Politikbereichen aufeinander abzustimmen und damit möglichst wirkungsvoll einzusetzen. Daß gemeinschaftsinterne Vorkehrungen für eine möglichst effiziente Kompetenzwahrnehmung getroffen werden, liegt geradezu im Sinne der kompetenzrechtlichen Bestimmungen.

2.2 Planungsmodell

Ferner ist in Betracht zu ziehen, daß die EG die raumordnerischen Grundsätze im Hinblick auf näher bezeichnete Gebiete oder Regionen konkretisiert. Dies läuft auf die Erarbeitung eines mehr oder minder detaillierten Raumordnungsplans hinaus, dessen Aussagen darauf gerichtet sind, den betreffenden Gebieten bzw. Regionen bestimmte Nutzungsarten, Funktionen oder Entwicklungsziele zuzuordnen. Ein solcher Plan könnte beispielsweise folgende Inhalte aufweisen:

(1) Festlegung der zentralen Verkehrsverbindungen im Gemeinschaftsgebiet (Straßen, Schienen, Wasserstraßen, Flugverkehr),

(2) Festlegung von Industrie- und Dienstleistungszentren (Verdichtungsräen),

(3) Ausweisung von Gebieten mit vordringlich auszugleichenden raumstrukturellen Defiziten,

(4) Ausweisung von Gebieten mit vorwiegend landwirtschaftlicher Nutzung,

(5) Standortfestlegungen für Infrastruktureinrichtungen von europäischer Bedeutung,

(6) Sicherung der Mittelmeerregion als Erholungs- und ökologisches Freiraumgebiet (was etwa zur Folge haben könnte, daß diese Region keine Förderungsmittel für größere Industrieansiedlungen erhält) etc.

Mit einem Raumordnungsplan der dargelegten Art könnte die Gemeinschaft eine besonders wirksame Vorsorge dafür treffen, daß zwischen ihren raumbedeutsamen Maßnahmen in den verschiedenen Politikbereichen keine inneren Widersprüche auftreten. Gegen eine derartige Vorsorge, die der zweckmäßigen und ressourcenschonenden Kompetenzausübung auf der Grundlage einer Selbstbindung der Gemeinschaft dient, wird sich rechtlich mit Rücksicht auf die Überlegungen zur Zulässigkeit des Grundsätzemodells (vgl. Kap. 2.1) kaum etwas einwenden lassen. Zu beachten ist hierbei, daß das Planungsmodell lediglich eine Verstärkung oder Verfeinerung des Grundsätzemodells darstellt.

3. Raumordnerische Bindung der Mitgliedstaaten

Eine weitere Möglichkeit, die Raumordnungspolitik auf europäischer Ebene zu intensivieren, besteht in der raumordnerischen Bindung der Mitgliedstaaten der EG. Eine solche Fremdbindung bietet insofern Vorteile, als auf diese Weise das raumbedeutsame Handeln der Gemeinschaft und der Mitgliedstaaten harmonisiert werden könnte. Auch hier kommen die Festlegungen von Raumordnungsgrundsätzen, die Aufstellung eines Raumordnungsplans sowie eine Kombination in Betracht. Allerdings besitzt die Gemeinschaft de lege lata keine spezielle Befugnis, die Mitgliedstaaten raumordnerisch zu binden. Immerhin ergibt sich ein Mindestmaß an Harmonisierung aus Art. 5 Abs. 2 EG-Vertrag. Nach dieser Vorschrift haben die Mitgliedstaaten alle Maßnahmen zu unterlassen, welche die Verwirklichung der im EG-Vertrag für die raumbedeutsamen Politikbereiche normierten Ziele gefährden könnten. Erwähnt sei zudem die Generalermächtigung des Art. 235 EG-Vertrag, die sich auf die Konstellation bezieht, daß ein Tätigwerden der Gemeinschaft erforderlich erscheint, um im Rahmen des Gemeinsamen Marktes eines ihrer Ziele zu verwirklichen, aber die hierfür erforderlichen Befugnisse im EG-Vertrag nicht vorgesehen sind. Für diesen Ausnahmefall wird der Rat ermächtigt, einstimmig auf Vorschlag der Kommission und nach Anhörung des Europäischen Parlaments "die geeigneten Vorschriften" zu erlas-

sen. In der Vergangenheit ist die Ermächtigung des Art. 235 EG-Vertrag unge-
achtet ihrer Kautelen nicht selten in Anspruch genommen worden, etwa auf den
Gebieten der Umwelt-, Forschungs- und Sozialpolitik. Aufgrund der bisherigen
praktischen Erfahrungen mit dieser Ermächtigung ist es durchaus denkbar, daß
sie als Rechtsgrundlage für die ersten Ansätze zur Entwicklung einer mit Fremdbindungswirkung operierenden Raumordnungspolitik der EG herangezogen
wird.

4. Rechtspolitische Würdigung

Die Erarbeitung raumordnerischer Vorstellungen in Form von Grundsätzen
oder Plänen mit ausschließlicher Selbstbindungswirkung dient nach dem oben
Dargelegten (vgl. Kap. 2) der verstärkten Koordinierung und Abstimmung der
raumbedeutsamen Maßnahmen der EG in den verschiedenen Politikbereichen.
Dies zielt auf die Effektivierung des Handelns, insbesondere den ressourcenschonenden Mitteleinsatz der Gemeinschaft.

Allerdings darf nicht übersehen werden, daß den Raumordnungsvorstellungen, an denen die Gemeinschaft ihr Handeln ausrichtet, ein besonderes Gewicht
zukommt. Von diesen Vorstellungen geht eine faktisch-politische Vorprägung
der räumlich-strukturellen Verhältnisse in den Mitgliedstaaten aus. Die Mitgliedstaaten werden raumordnerische Grundsätze oder Pläne der EG selbst dann nicht
ignorieren können, wenn sie hieran rechtlich nicht gebunden sind. Sie werden de
facto unter einen Anpassungsdruck geraten, der ihren Handlungs- und Entschei-
dungsspielraum einengt. Die Einengung geht um so weiter, je detaillierter die
Raumordnungsvorstellungen der Gemeinschaft ausfallen, je konsequenter die
Gemeinschaft ihre eigenen Maßnahmen an diesen Vorstellungen ausrichtet und
je stärker die raumbedeutsamen Politikbereiche der Gemeinschaft ausgedehnt
bzw. ausgeschöpft werden. Es mag sein, daß die Aufstellung von Raumordnungsgrundsätzen nicht ausreicht, um die erstrebte Koordinationswirkung bei
den gemeinschaftseigenen Maßnahmen zu erreichen. Insoweit könnte ein Raumordnungsplan mit einem maßvollen Detaillierungsgrad wünschenswert sein.

Es ist jedoch in jedem Fall unerläßlich, daß die Träger der Gesamtplanung, zu
denen in Deutschland die Länder und Gemeinden gehören, an der Erarbeitung
von raumordnungspolitischen Vorstellungen der EG beteiligt werden und die EG
ihrerseits die bestehenden Planinhalte der unteren Einheiten berücksichtigt. In
einem dem Subsidiaritätsprinzip, dem Föderalismus und dem Dezentralisations-
gedanken verpflichteten Staat oder staatlichen Zusammenschluß kommen die
raumordnerischen Initiativen und Inhalte maßgeblich von unten, d.h. von den
niedrigeren Ebenen bzw. kleineren Einheiten. Die Aufgabe der größeren Einheit
besteht vornehmlich darin, die entsprechenden Initiativen und Inhalte zusammenzufassen und unter Einbringung der Erfordernisse des größeren Raumes

auszugleichen. Dem in § 1 Abs. 4 ROG für die innerstaatliche Raumordnung normierten Gegenstromprinzip sollte auch im Bereich der europäischen Raumordnung Geltung verschafft werden.

Soweit es um die raumordnerische Bindung der Mitgliedstaaten geht, ist es m.E. ausreichend, Rechtsgrundlagen zu schaffen für die Aufstellung von Raumordnungsgrundsätzen, die im Rahmen von Entscheidungen über raumbedeutsame Maßnahmen zu berücksichtigen sind. Hinsichtlich der Frage, ob die Schaffung entsprechender Rechtsgrundlagen auch wünschenswert ist, darf zwar nicht außer Betracht bleiben, daß bereits Raumordnungsvorstellungen der EG, die lediglich Selbstbindungscharakter tragen, einen beachtlichen faktisch-politischen Anpassungsdruck bei den Mitgliedstaaten erzeugen. Aber die Mitgliedstaaten sind rechtlich kaum gehindert, sich diesem Druck zu widersetzen und damit die Raumordnungspolitik der Gemeinschaft zu durchkreuzen. Die Vorschrift des Art. 5 Abs. 2 EG-Vertrag stellt hier keine besonders hohe Hürde dar, weil sie lediglich das unerläßliche Minimum gemeinschaftskonformen mitgliedschaftlichen Handelns verlangt. Insofern mag einiges dafür sprechen, auf dem Gebiet der Raumordnung ein über die Anforderungen des Art. 5 Abs. 2 EG-Vertrag hinausgehendes Maß an normativ gesicherter Harmonisierung herzustellen.

Auf einen mit Fremdbindungswirkung ausgestatteten Raumordnungsplan der EG sollte dagegen nach meiner Auffassung verzichtet werden. Für diese Beurteilung sind folgende Gründe maßgebend:

(1) Ein Raumordnungsplan der EG, an den die Mitgliedstaaten gebunden wären, würde einen zusätzlichen Zentralisierungsschub auslösen.

(2) Ein derartiger Plan ist zudem nicht erforderlich, weil bereits mit Mitteln, die weniger stark in die Eigenständigkeit der Mitgliedstaaten eingreifen, eine weitreichende Harmonisierungswirkung erzielt werden kann. Daraus folgt, daß hier auch die Gefahr einer Kollision mit den Wertungen des Subsidiaritätsprinzips besteht.[3]

(3) Ferner sind in diesem Zusammenhang die Erfahrungen mit dem Bundesraumordnungsprogramm (BROP; vgl. BT-Drucksache 7/3584) zu berücksichtigen. Das von Bund und Ländern gemeinsam erarbeitete BROP führt seit seiner Verabschiedung im Jahr 1975 ein kümmerliches Schattendasein. Doch ist die Raumordnung in Deutschland durch den Umstand, daß auf Bundesebene kein praktisch bedeutsamer Raumordnungsplan existiert, nicht entscheidend beeinträchtigt oder geschwächt worden. Weshalb angesichts dieser Erfahrung ein nennenswerter Nachteil für die Raumordnung in Europa entstehen soll, wenn auf EG-Ebene ein Raumordnungsplan fehlt, ist nicht ersichtlich.

Insgesamt möchte ich mich nachdrücklich der in der ersten Entwurfsskizze[4] enthaltenen Bewertung anschließen, daß sich die Raumordnungspolitik der EG nicht zu einer allumfassenden Ordnungs- und Entwicklungspolitik entwickeln sollte.

5. Inhalte eines europäischen Raumentwicklungskonzepts

Für ein europäisches Raumentwicklungskonzept kommen folgende Inhalte in Betracht:

(1) Verpflichtung der Mitgliedstaaten zur Raumordnung, d.h. zur Aufstellung überörtlicher räumlicher Gesamtpläne.

Begründung: Die EG muß im Hinblick auf den sinnvollen Einsatz ihrer eigenen Maßnahmen wissen, wie sich die räumlichen Verhältnisse in einem Mitgliedstaat nach dessen eigener Auffassung entwickeln sollen. Diese Information ist im übrigen häufig auch für die anderen Mitgliedstaaten von Bedeutung.

(2) An die räumlichen Gesamtpläne der Mitgliedstaaten sind einige grundlegende Anforderungen zu stellen, z.B. im Hinblick auf Mindestinhalte, Maßstab, Geltungsbereich, Verfahren etc.

Begründung: Erleichterung des Überblicks über die Raumordnung der Mitgliedstaaten und damit auch der Kooperation.

(3) Verpflichtung der Mitgliedstaaten zur Zusammenarbeit untereinander sowie mit Drittstaaten auf dem Gebiet der Raumordnung.

Begründung: Durch diese Verpflichtung soll vermieden werden, daß ein Staat zu Lasten eines anderen raumbedeutsame Maßnahmen ergreift. Außerdem geht es hier um den Primat dezentraler Problemlösung und die Entlastung der EG-Zentrale.

(4) Aufstellung von Raumordnungsgrundsätzen, die sowohl für die Gemeinschaft als auch für die Mitgliedstaaten verbindlich sind.

Begründung: Auf diese Weise wird ein Mindestmaß an normativ gesicherter Harmonisierung der raumbedeutsamen Maßnahmen von Gemeinschaft und Mitgliedstaaten gewährleistet. Hier geht es vor allem auch um eine Harmonisierung der Bewertung bzw. Gewichtung verschiedener Belange bei Planungsvorhaben (Ökologie, Verkehr, Industrieansiedlung, Landwirtschaft etc.).

(5) Aufstellung eines Raumordnungsplans mit mäßigem Detaillierungsgrad und Bindungswirkung nur für die Gemeinschaft.

Begründung: Die Gemeinschaft muß sich wegen des zielgenauen und widerspruchsfreien Einsatzes ihrer Maßnahmen, insbesondere ihrer Förderungsmittel, darüber Klarheit verschaffen, in welchen Gebieten welche Schwerpunkte gesetzt werden sollen (Ökologie, Industrie, Verkehr, Landwirtschaft, Tourismus etc.). Es wäre z.B. wenig sinnvoll, in einem für die Landwirtschaft vorgesehenen Gebiet Mittel zur Industrieansiedlung einzusetzen.

(6)   Verfahrensrechtliche Vorschriften zur Aufstellung der Raumordnungs-
grundsätze sowie des Raumordnungsplans, wobei die Beteiligung der Träger der Gesamtplanung in den Mitgliedstaaten besonders bedeutsam ist.
Begründung: Sicherstellung einer Einbeziehung der unteren Planungsebe-
nen in die Entwicklung raumordnerischer Vorstellungen auf zentraler Ebene. Beachtung der Wertungen des Subsidiaritätsprinzips sowie des Dezen-
tralisierungsgedankens.

(7)   Institutionsrechtliche Vorschriften hinsichtlich der Errichtung von Gremien
zur Koordinierung bzw. Harmonisierung raumbedeutsamer Vorhaben.
Begründung: Hier geht es um Konsultationsgremien, die der gegenseitigen
·Information und Abstimmung sowie ggfs. der Konfliktbeilegung dienen.
Dabei sind der regionale und der kommunale Bereich einzubeziehen.

Soweit es zur Durchsetzung dieses Konzepts erforderlich ist, wäre der EG
eine Raumordnungskompetenz einzuräumen. Sollte sich die Auffassung durchsetzen, daß dieses Konzept zu weit geht, so könnte es auch restriktiver ausgestaltet werden.

Es ist beispielsweise durchaus erwägenswert, daß die EG für die Mitgliedstaaten raumordnerische Vorstellungen ohne Bindungswirkungen entwickelt. Die
Vorstellungen dienen dann allein dem Zweck, die Planungträger in den Mitgliedstaaten darüber zu unterrichten, was aus der Sicht der Gemeinschaft er-
wünscht ist. Möglicherweise ist die freiwillige Anpassungsbereitschaft bereits so
groß, daß es keines Rechtszwangs bedarf. Insofern bestehen respektable Gründe
dafür, sich gegenüber den Mitgliedstaaten zunächst auf die Instrumente der
Information sowie der Empfehlung zu beschränken und Rechtspflichten erst
dann einzuführen, wenn es sich als erforderlich erweisen sollte. Die Lösung
größerer Raumordnungskonflikte könnte einem Koordinierungs- oder Konsulta-
tionsgremium zugewiesen werden.

Ein völliger Verzicht auf ein europäisches Raumentwicklungskonzept dürfte
jedoch nicht ratsam sein. Denn ein zusammenwachsendes Europa kommt ohne
eine gemeinsame Raumordnungspolitik nicht aus, wenn sich die verschiedenen
raumbedeutsamen Planungen und Maßnahmen zu einem sinnvollen Ganzen
zusammenfügen sollen. Nicht über die Existenzberechtigung, sondern lediglich
über den Intensitätsgrad der europäischen Raumordnungspolitik läßt sich mit
Gewinn streiten.

Anmerkungen

1   Vgl. z.B. Bundesministerium für Raumordnung, Bauwesen und Städtebau, Empfehlungen der
Bundesrepublik Deutschland zu einem Europäischen Raumentwicklungskonzept - 1. Entwurfsskizze - vom 28. September 1992 (RS III 4 - 79 00 02); Empfehlungen des Beirats für

Raumordnung beim Bundesminister für Raumordnung, Bauwesen und Städtebau zu einer Europäischen Raumentwicklungspolitik vom 11. November 1992; Entschließung der Ministerkonferenz für Raumordnung "Zum Vertrag über die Europäische Union und daraus abgeleitete Anforderungen aus der Sicht der Raumordnung" vom 27. November 1992; Akademie für Raumforschung und Landesplanung (Hrsg.; 1992a); SCHMIDHUBER & HITZLER 1991; DREY 1992.

2   Vgl. z.B. das Abkommen zwischen der Regierung der Bundesrepublik Deutschland und der Regierung des Königreichs Belgien über die Zusammenarbeit auf dem Gebiet der Raumordnung vom 3.2.1971 (GMBl. S. 114) sowie das Abkommen zwischen der Regierung der Bundesrepublik Deutschland und der österreichischen Bundesregierung über die Zusammenarbeit auf dem Gebiet der Raumordnung vom 11.12.1973 (BGBl. II S. 1110). Aus dem neueren Schrifttum vgl. hierzu u.a. Akademie für Raumforschung und Landesplanung (Hrsg.; 1992a).

3   Die Bedeutung des Subsidiaritätsprinzips für die europäische Raumordnung wird vom Bundesrat in seinem Beschluß vom 6. November 1992 zum Dokument "Europa 2000" besonders betont (Bundesrats-Drucksache 109/92, S. 1).

4   Vgl. Bundesministerium für Raumordnung, Bauwesen und Städtebau (1992): Empfehlungen der Bundesrepublik Deutschland zu einem Europäischen Raumentwicklungskonzept. 1. Entwurfsskizze.

Legal Basis of a European Regional Planning Policy

Reinhard Hendler

1. Introduction

The legal aspects of European regional planning have not been fully developed, if for no other reason than the fact that the EC does not have an original authority for regional planning. A regional planning policy mandate was witheld from it. The Maastricht Treaty on the European Union which came into effect on the 1st of November 1993 did not alter this fact.

Despite this, there nevertheless exist certain important regional planning policy initiatives at the European level. Examples of these include:
- the Ministers Conference on Regional Planning Policy (MCRPP) founded in 1970 at the Council of Europe,
- the European Regional Policy Plan approved and passed by this conference in 1983, as well as
- cooperation among neighbour states in the field of regional planning.

Although the EC has no original Regional Planning authority it nevertheless does have various regionally relevant planning authority spheres. Giving emphasis to this are the following:
- agriculture (Art. 48 subs. EC-Treaty),
- traffic (Art. 74 subs. EC-Treaty)
- the trans-european network (Art. 129b subs. EC-Treaty)
- regional policy (Art. 130a subs. EC-Treaty), as well as
- environmental policy (Art. 130r subs. EC-Treaty).

With reference to environmental policy there is furthermore the appropriate specificity for this special field which is provided by Art. 130s of the EC-Treaty, whereunder the Council is given the right to enact "measures in the field of regional planning". The fact that the term REGIONAL PLANNING appears in the EC-Treaty can be traced back to the Maastricht agreements on European Union. However, it is not an autonomous regional planning policy mandate of the community, but only a part of environmental policy. The regional planning measures referred to in Art. 130s of the EC-Treaty are also included in environmental policy. They are both legitimised as well as limited through the environmental policy mandate of the community.

In consideration of their regionally relevant spheres of authority the EC has already taken specific precautions with regard to the legal position of its institutions. Thus, there has been established within the commission and the council, "regional development committees". And the European Parliament has established its own committee for regional policy and regional planning. Furthermore one could draw attention to the fact that the commission has recently produced the document "Europe 2000" which has an analysis of the existing spatial relationships and careful development prognoses.

Questions regarding an European regional development policy are also the subject of increasing public debate[1]. Specific possibilities with regard to the intensification of regional planning at the European level in which the EC is in the foreground are those on which I would like to concentrate in the following. The discussions are based, in so far as they concern the EC, on a threefold objective:
(1) Coordination of the regionally relevant measures of the community,
(2) Harmonization of the regionally relevant measures of the community and the Member States,
(3) Harmonization of the regionally relevant measures of the Member States.

In the present discussion it is suggested, that there is an expansion of regional planning cooperation between neighbouring states. This suggestion only concerns the third of the above mentioned objectives. Certainly it exceeds this in the sense that the neighbourly cooperation between states should not only be strengthened at the inner borders of the community but at the outer borders also. This idea therefore also includes the surrounding states as well as the Member States. From the community's point of view it has both an internal and external political dimension. In this respect it is a further extension of the initiatives that have existed for some time[2]. However fundamental problems do not arise from this. This is also true for deliberations with regard to the EC collecting relevant regional data towards the possibility of compiling a catastral register, producing studies on regional relationships and suggesting lines of development, etc. The document "Europe 2000" also represents a promising initiative.

Such suggestions deserve increasing attention with reference to the development of a "European regional development concept" as well as "regional development guidelines" or the "establishment of guidelines for national regional planning objectives". In this respect the idea of establishing a regional development concept is the broadest initiative. But up to now it has been only slightly sketched. Thus, I would like to examine in some detail the possible content and evolution of a European regional development concept.

2. Self-commitment of the Community to Regional Planning

The need for coordination and balancing of the different political interests within the community has to be recognized in order to avoid contradictory regional effects of the application of these measures as well as other "friction losses". From this point of view, as well as from the financial one, it would be extraordinarily detrimental if the community was, for instance, to contradict its agricultural or traffic policies with its own environmental policy. An example of this would be if the traffic policy was to determine that there should be an extensive development of roadways while the environmental policy followed a contrary restrictive course. In this context it is important to ensure that the relevant regional actions within the community, especially the use of promotional instruments (structural funds), are correlating in order to avoid contradictory measures. The over-riding question is how we could and should do this. In this respect we can define two models for the achievement of the objective which, in practice, can be combined quite easily.

2.1 Basic principles model

First it has to be remembered that the Community develops and lays down basic principles for Regional Planning of the kind described in § 2 of the Regional Planning Act (RPA). These basic principles can, for example, concern the improvement of the quality of life in rural areas, the protection of ecologically valuable areas, the limitations to density in conurbations etc. This relates to the development of a body of considered opinion, which the Community should turn to in matters relating to decisions on measures with spatial effects. Such a self-commitment should be permissible according to current law, since the Community can not be prohibited from coordinating its various regionally relevant measures in the different spheres of policy-making thus using them as effectively as possible. It is almost certainly within the intent of authority based regulations that community internal precautions are developed for a most efficient use of authority.

2.2 Planning Model

It should also be kept in mind that the EC puts regional planning principles into more concrete terms for designated areas or regions. This comes close to the development of a more or less detailed regional plan, the message of which is directed at assigning to the areas concerned certain kinds of usage, functions or development objectives. Such a plan could, for example, demonstrate the following objectives:
(1) Defining the central traffic connections within the Community boundaries (Roads, Rail, Waterways, Airtraffic)
(2) Defining Industrial and Service Centres (Agglomeration areas)
(3) Demarcation of areas with priority status with regard to balancing regional structural deficits

(4) Demarcation of land areas with predominant agricultural use
(5) Defining positions of infrastructural facilities of European importance
(6) Safeguarding the Mediterranean Region as a recreational and ecological region of open space (which could for example mean that this region would not receive any financial assistance for larger industrial settlements) etc.

With such a regional plan the Community could, in a particularly effective manner, take precautions against internal contradictions between its regionally relevant measures in different policy making spheres. With due consideration for the Basic Rules Model (cf. chapter 2.1) there could be little adverse legal comment against such precautions, based on the self-commitment of the Community, which serves a use of authority which is sensible and easy on resources. One should be aware that the planning model only presents an emphasis and refinement of the basic principle model.

3. Regional planning binding upon Member States

Another possibility of strengthening regional planning policies on the European level is to make regional planning binding upon Member States. Such a commitment provides advantages leading to the harmonization of regionally relevant actions of the Community and Member States. This would require a definition of basic principles in regional planning, the development of a regional plan or a combination of both. However the Community does not have de lege lata any specific power to bind Member States with regard to regional planning. But at least a minimum measure of harmonization arises from Art. 5 para. 2 of the EC-Treaty. Thereunder Member States have to forego any actions which are in conflict with aims for regionally relevant policy areas laid down in the EC-Treaty. In addition the general powers stemming from Art. 235 EC-Treaty should be mentioned. These refer to a set of circumstances where an action of the Community seems necessary in order to achieve one of its aims within the Common Market, even though the necessary powers are not included in the EC-Treaty. In this exceptional case the Council is empowered to pass the "appropriate provisions" unanimously on a proposol of the Commission and after consulting the European Parliament. In the past, the empowerment provided by Art. 235 EC-Treaty has been used quite often, for example in the areas of environmental, research and social policy, despite its provisos. Considering the practical experience so far gained with this empowerment, it could serve as the legal basis for the first approach to developing a regional planning policy which operates with commitment from the outside.

4. Politico-legal appreciation

The development of regional planning concepts in the form of principles or plans on exclusive by self-commitment serves, as outlined (cf. chapter 2), to increase the coordination and consistency of regionally relevant EC measures in the different policy areas. The objective of this is to increase the effectiveness of actions, particularly (with regard to) the usage of resource-friendly means by the Community.

It must not be overlooked, however, that the regional planning concepts along the lines of which the Community directs its activities, carry a special weight. These concepts produce a de facto political pre-conditioning of the regional-structural conditions in Member States. Member States would not be able to ignore regional planning principles or plans of the EC, not even if they were not legally bound to them. They will, de facto, come under pressure to adjust, which will narrow their freedom of activity and decision. This narrowing will become the more significant the more detailed the regional planning concepts of the Community turn out to be, the more consistently the Community applies them to its own activities and the more the regionally relevant policy areas of the Community become extended or their powers used. It may be that drawing up the basic regional planning principles will not suffice to achieve the sought for coordination effect of the community wide measures. Thus a regional plan with a considered degree of detail might be desirable.

In any case it is imperative that the implementors of the regional and local planning, i. e. in Germany the Länder and communes, participate in the development of regional planning concepts and that the EC, for its part, takes consideration of the contents of existing planning from the lower levels. In states or constellations of states which are committed to the subsidiarity principle, federalism and the notion of decentralisation, regional planning initiatives and issues predominantly arise from below, e.g. from lower levels or smaller units respectively. The task of the larger units then predominantly arises from the need to consolidate the individual initiatives and issues concerned and to equate them to the needs of the greater area.

As far as the binding of Member States to regional planning of the Community is concerned, it is, in my judgement, sufficient to create a legal base for the development of regional planning principles which then have to be considered with respect to the planning of regionally relevant measures. With regard to the question of whether or not the creation of an adequate legal basis is also desirable, it must not be forgotten that existing regional planning concepts of the EC, which only carry self-binding character, already produce a considerable de facto political adjustment pressure on the Member States. But the Member States are barely legally prohibited from resisting this pressure which tends to upset the Community's regional planning policy. The provision of Art. 5 para. 2 of the EC-Treaty does not present an insurmountable obstacle because it demands simply the essential minimum of community-conforming actions on the part of the members. Thus, there might be good reasons to create a certain amount of normatively ensured harmonization which goes beyond the demands of Art. 5 para. 2 of the EC-Treaty.

In my view there should be no regional plan of the EC having externally binding effects. The reasons are the following:

(1) A regional plan of the EC binding on Member States would create an additional step towards centralization.

(2) Such a plan is also not necessary, because a far-reaching harmonization effect can be achieved with means which encroach upon the autonomy of Member States less severely. It follows from this that a danger of a collision exists with the subsidiarity principle[3].

(3) Furthermore, in this context, the experiences of the (German) Federal Regional Planning Programme (BROP; cf. Bundestagsdrucksache 7/3584) should be taken into account. The BROP which was developed by the Federal authorities and the Länder together has had a faint and meagre existence since it was passed in the year 1975. But regional planning in Germany has not been decisively hindered or weakened by the fact that no practically important regional plan exists on the Federal level. It is not apparent why, taking this experience into consideration, a notable disadvantage for regional planning in Europe should come about from the lack of a regional plan on EC level.

All in all I would like to support the assessment contained in the first working draft (1. Entwurfsskizze)[4], that the regional policy of the EC should not be developed into an all embracing normative and development policy.

5. Content of a European Regional Development Concept

The following content should be considered for a European Development Concept:

(1) Obligation of the Member States to regional planning, i.e. the development of sets of supra-local regional plans.
Reasons: The EC must, with a view to the sensible use of its own measures, know how the Member States intend to develop regional conditions. This information is, incidentally, often also of importance for the other Member States.

(2) Some basic demands are to be made with regard to the sets of regional plans of Member States, e.g. with regard to minimum contents, scale, area of relevance, procedure etc.

Reasons: The simplification of the overview of Member State's regional policies and thus also their coordination.

(3) Obligation of Member States to cooperate among each other as well as with third countries in the field of regional planning.

Reasons: This obligation would ensure that no State takes up regionally relevant measures at the cost of another State. Apart from this it also touches upon the primacy of decentralised problem solving and the alleviation of pressure on the EC headquarters.

(4) Development of basic principles for regional planning which are binding for the Community as well as for the Member States.

Reasons: This would assure a minimum amount of normatively ensured harmonization of regionally relevant measures by the Community and by Member States. More importantly, this also concerns the harmonization of assessment and/or weighting of different spheres of interest in planning undertakings (ecology, traffic, industrial settlement, agriculture etc.).

(5) Development of a regional plan with limited degree of detail and binding effect only on the Community.

Reasons: The Community must have a clear concept with regard to the respective areas deserving a specific emphasis (ecology, industry, traffic, agriculture, tourism etc.) in order to apply its measures, particularly its financial support, effectively with regard to the aim and without contradictions. It would, for example, make little sense to employ means for industrial settlement in an area designated for agriculture.

(6) Procedural rules for the development of the regional planning principles as well as the regional development plans, in which, within the Member States, the participation of those concerned with the planning as a whole, is particularly important.

Reasons: Ensuring the inclusion of the lower planning levels in the development of regional planning concepts at the central level. Acknowledging the values of the subsidiarity principle as well as the notion of decentralization.

(7) Rules in institutional law regarding the establishment of bodies/organs for coordination and harmonization of regionally relevant measures.

Reasons: This concerns consultative bodies which enhance mutual information flows and agreement as well as, if necessary, helping in conflict resolution.

As far as necessary to realize this concept the EC should be granted regional planning authority. Should the dominant opinion be that this concept reaches too far, it could also be structured in a more restrictive manner.

It is, for example, quite worth considering that the EC should develop for its Member States regional planning concepts that do not have binding effects. These concepts would then merely serve the purpose of informing the planning institutions in the Member States on what would be desirable in the view of the Community. It is possible that the voluntary preparedness to adjust is already so great that no legislative pressure is necessary. Thus, there are respectable reasons to limit oneself, at first, to the instruments of information as well as advice towards the Member States and to introduce legal obligations only if this should prove indispensable. The solution of more serious regional planning conflicts could be passed on to a coordinating or consultative organ.

A complete abandonment of the idea of a European regional development concept is not advisable. The reason for this is that a Europe which is in the process of unification cannot cope without a common regional planning policy if different regionally relevant plans and measures are to coalesce to a sensible whole. One cannot argue successfully against the right of existence of a European regional planning policy, but only on its degree of intensity.

Notes

1   See for example Bundesministerium für Raumordnung, Bauwesen und Städtebau (1992), Empfehlungen der Bundesrepublik Deutschland zu einem Europäischen Raumentwicklungskonzept - 1. Entwurfsskizze - of 28 September 1992 (RS III 4 - 790002); Empfehlungen des Beirats für Raumordnung beim Bundesminister für Raumordnung, Bauwesen und Städtebau zu einer Europäischen Raumentwicklungspolitik of 11 November 1992; Akademie für Raumforschung und Landesplanung (Ed.; 1992b), S. 271ff.; SCHMIDHUBER & HITZLER (1991); DREY (1992).

2   See for example the agreement between the German government and that of the Kingdom of Belgium regarding cooperation in the field of regional planning of 3.2.1971 (GMBl. p. 114) as well as the agreement between Germany and Austria with regard to cooperation in the field of regional planning of 11.12.1973 (BGBl. II p. 1110). In the latest literature see also, among others, in this respect: Akademie für Raumforschung und Landesplanung (1992a).

3   The significance of the principle of subsidiarity for the European policy of regional planning has recently been stressed by the Bundesrat in its decision of 6 November 1992 concerning the document "Europe 2000", cf. Bundesrats-Drucksache 109/92, p. 1.

4   See Bundesministerium für Raumordnung, Bauwesen und Städtebau (1992): Empfehlungen der Bundesrepublik Deutschland zu einer Europäischen Raumentwicklungskonzept. 1.Entwurfsskizze.

Literatur/Bibliography

Akademie für Raumforschung und Landesplanung (Hrsg.) (1992a): Grenz-übergreifende Raumplanung. Erfahrungen und Perspektiven der Zusammen-arbeit mit den Nachbarstaaten Deutschlands. - Hannover (= Forschungs- und Sitzungsberichte, Band 188).

Akademie für Raumforschung und Landesplanung (Hrsg.) (1992b): Per-spektiven der Raumentwicklung in Europa. - Hannover (= Forschungs- und Sitzungsberichte, Band 190).

Bundesministerium für Raumordnung, Bauwesen und Städtebau (BMBau) (1992): Empfehlungen der Bundesrepublik Deutschland zu einem Europäi-schen Raumentwicklungskonzept. 1. Entwurfsskizze. - Bonn (Ms.).

Drey, F. (1992): Europäische Raumordnungspolitik. Kompetenzen, Konzepte, Konferenzen. - Geographische Rundschau 44, S. 682 - 685.

Kommission der Europäischen Gemeinschaften, Generaldirektion Regio-nalpolitik (1991): EUROPA 2000. Perspektiven der künftigen Raumordnung der Gemeinschaft. - Brüssel - Luxemburg.

Schmidhuber, P.M. & Hitzler, G. (1991): Die Planungskompetenz der Euro-päischen Gemeinschaft beim Ausbau der europäischen Infrastrukturen. - Die öffentliche Verwaltung, S. 271 - 278.

Kontinentale Transportkorridore in der EG
- ein Überblick aus deutscher Sicht

Ekkehard Buchhofer

1. Verkehrspolitik der EG bis zum Untätigkeitsurteil des Europäischen Gerichtshofs gegen den Rat vom 22. Mai 1985

Das derzeitige Gebiet der Europäischen Gemeinschaft erstreckt sich über rund 16 Längen- und 23 Breitengrade. Zwischen den peripheren Metropolen wie Glasgow und Athen, Sevilla und Kopenhagen liegen Distanzen von 2.900 bzw. 2.500 km. Angesichts dieser geographischen Dimensionen muß dem Transportsektor der Gemeinschaft eine fundamentale wirtschaftliche Bedeutung zukommen. Im Rahmen des europäischen Einigungsprozesses werden dem Transportsektor - und hier besonders den Transportinfrastrukturen - in wirtschaftlicher und politisch-sozialer Hinsicht wichtige positive Auswirkungen zugeschrieben, so sein Beitrag zum verstärkten wirtschaftlichen und sozialen Zusammenhalt der Gemeinschaft, zur Integration ihrer Randgebiete sowie zum wirtschaftlichen Wachstum durch Förderung des Wettbewerbs, zur Förderung des Fremdenverkehrs (um nur einige wesentliche Aspekte herauszugreifen). Der Beitrag des Verkehrssektors (einschl. der verkehrsbezogenen Industrie- und Baubereiche) zum BIP der Gemeinschaft wird immerhin auf rund ein Zehntel geschätzt (Grünbuch 1992: 7). Dabei sei nicht verschwiegen, daß die gesamtwirtschaftlichen Kosten des Verkehrs nach Schätzung der OECD möglicherweise eine ähnliche Größenordnung erreichen (Grünbuch 1992: 8), ohne daß dies bislang näher zu beziffern wäre. Dabei spielen die verkehrsbezogenen Umwelteinwirkungen als externer Kostenfaktor eine besondere Rolle.

Die EG hat also alle Ursache, sich verkehrspolitisch zu betätigen. Das wird nicht zuletzt an der Dynamik des Verkehrsmengenwachstums ablesbar, das sich ganz wesentlich im unerwünscht starken Wachstum des Straßenverkehrs zeigt. So wuchs der Güterverkehr (in tkm) EG-weit von 1970 bis 1990 um 53% (darunter beim Straßenverkehr um 111%, während der Schienenverkehrstransport um 18% zurückging). Gleichzeitig steigerte der Verkehrsträger Straße seine dominierende Position von 50,6 auf 69,9% (Schiene 27,8 bzw. 15,4%). Im Personenverkehr hat sich (gemessen in Personenkilometern) der schon 1970 beherrschende PKW-Transport bis 1990 von 76,1 auf 79,0% gesteigert (Schiene 10,0 bzw. 6,6%). Das Gesamtvolumen des Personenverkehrs stieg (vor allem durch die Expansion des PKWs) nahezu doppelt so stark (+ 92%) wie das Volumen der Gütertransporte (vgl. Globalkonzept 1992: 119f.).

Diese wenigen Grunddaten müssen durch eher beunruhigende Prognosen ergänzt werden, auf die die Verkehrspolitik der EG Bezug nimmt (Grünbuch 1992: 37). Danach wird die Nachfrage nach Beförderungsleistungen im Güter- wie im Personenverkehr weiter anwachsen (nicht zuletzt als Reflex der zunehmenden Vollendung des EG-weiten Binnenmarktes und der absehbaren stärkeren Annäherung Nord- und Osteuropas an die Gemeinschaft): So wird von 1990 bis 2010 eine Zunahme des Güterkraftverkehrs um 42%, beim Schienenverkehr immerhin um 33% erwartet, während der PKW-Bestand (von 1987 bis 2010) um 45% ansteigen wird.

Angesichts dieser Sachlage muß es verwundern, daß die EG erst reichlich spät Schritte zu einer gemeinsamen Verkehrspolitik unternommen hat. Immerhin hatte bereits der EWG-Gründungsvertrag einen Titel "Verkehr" und die Forderung nach einer gemeinsamen Verkehrspolitik enthalten, da klar war, daß die Gewährleistung des freien Verkehrs von Waren, Personen und Dienstleistungen (d.h. der Grundfreiheiten eines gemeinsamen Marktes) auf der Basis allein der diversen nationalen Verkehrspolitiken nicht gesichert sein konnte (REH 1993: 35f.). Dennoch stellte sich heraus, daß gerade die Verkehrspolitik in den Mitgliedsländern seit je als eminent nationale Gestaltungsaufgabe betrachtet und Kompetenzabtretungen in diesem Bereich wie empfindliche Souveränitätsverzichte gesehen wurden. So kann es nicht verwundern, daß die Gemeinschaftsorgane sich jahrelang mit Gewichtsnormen für LKWs, mit Konzessionsvergaberegelungen für den Güterkraftverkehr und ähnlichen nachrangigen Dingen beschäftigten, nicht aber mit gemeinsamen grenzübergreifenden Verkehrskonzepten oder gar mit der Koordinierung des Verkehrswegebaus in der Gemeinschaft. Die bemerkenswerte Zurückhaltung der EG-Organe gerade bei den Problemen der Verkehrsinfrastruktur wurde durch Kompetenzunsicherheiten, komplizierte Abstimmungsmodi in den Gremien erleichtert, so daß REH (1993: 36) geradezu von einer Selbstblockade des EG-Ministerrats sprechen konnte. Zwar wurde 1978 eine Berichtspflicht über EG-bedeutsame Verkehrswegeplanungen eingeführt, wurde 1982 erstmals eine "begrenzte Aktion auf dem Gebiet der Verkehrsinfrastruktur" mit EG-Finanzmittelhilfe durchgeführt (REH 1993: 40), doch konnten diese eher sporadischen Aktivitäten von sehr begrenzter Wirkung den Eindruck einer generellen verkehrspolitischen Selbstlähmung der EG nicht verwischen.

In dieser Lage entschloß sich das EG-Parlament zur Einreichung einer Untätigkeitsklage beim Europäischen Gerichtshof gegen den Rat. Das Urteil erging am 22. Mai 1985. Es ging zwar nicht so weit, den Ministerrat zur umfassenden Gestaltung der europäischen Verkehrspolitik zu verpflichten (nicht zuletzt das Subsidiaritätsprinzip mußte dem entgegenstehen), aber es gab doch den Anstoß zu einem entschlossenen Herangehen an die so lange vernachlässigten Aufgaben, insbesondere im Bereich der Infrastrukturpolitik. Hier war EG-weit eine empfindliche "Investitionslücke" herangereift, die angesichts der rapide wachsenden Verkehrsströme zunehmend spürbar wurde. Hatte 1975 die EG-weite Investitionsquote bei der Verkehrsinfrastruktur noch bei 1,5% des BSP gelegen, so lag diese Quote 1990 bei nur noch 1% (Blick durch die Wirtschaft, 4.8.1992). Im Jahr nach dem Untätigkeitsurteil (1986) trat die Einheitliche Europäische Akte in Kraft und eröffnete neue Perspektiven für ein noch engeres Zusammenrücken der nunmehr zwölf EG-Mitgliedsstaaten, so daß sich der Druck auf die Akzeptanz einer gemeinsamen Verkehrspolitik zusätzlich verstärken mußte.

2. Das Konzept der "Transeuropäischen Netze" als Kernstück einer gemeinsamen Verkehrspolitik seit 1988/89

2.1 "Transeuropäische" Verkehrs- und Kommunikationsverbindungen als Gegenstand einer EG-Verkehrspolitik

In der Gemeinschaft gibt es derzeit zwölf nationale Verkehrsnetze, von denen jedes fest in der politischen und fiskalischen Obhut der einzelnen Mitgliedstaaten ist und von denen jedes sich auch auf eine spezifische Entwicklungsgeschichte bezieht. Die nationalen Besonderheiten lassen sich z.B. an den (z.T.) unterschiedlichen Spurweiten, Signal- und Stromsystemen der einzelnen nationalen Eisenbahnen, aber auch an den unterschiedlichen Trassierungskennwerten beim Fernstraßenbau ablesen. So kann auch heute von einer vollen technisch-organisatorischen Kompatibilität der nationalen Infrastrukturen im EG-Raum keine Rede sein. Dennoch besteht ein wachsendes Gemeinschaftsinteresse an deren Herstellung. Angesichts der weiterhin fortbestehenden nationalen Kompetenzen beschränkt sich der Mitgestaltungsanspruch der EG auf jene Bestandteile der nationalen Verkehrsnetze, die (z.B als Transitstrecken oder als Hauptverbindungen mit grenzüberschreitender Bedeutung) eine "transeuropäische" Funktion erkennen lassen. Dabei spielen die Strecken in Grenznähe sowie die Grenzübergänge eine besonders kritische Rolle, da hier traditionell ein relativ geringer Verkehrsbedarf aufgrund des sogenannten "frontier-effects" herrscht und daher oft entsprechend schwache Ausbaustandards anzutreffen sind. Es sei daran erinnert, daß nach wie vor der größte Teil der Verkehrsbewegungen sich innerhalb der einzelnen Staaten, und zwar im Distanzbereich unter 150 km abspielt (Globalkonzept: 14).

Andererseits nimmt z.B. der Anteil des zwischenstaatlichen Güterverkehrs am gesamten innergemeinschaftlichen Güterverkehr stetig zu: Er lag 1989 beim Straßengüterverkehr bei 19%, beim Eisenbahngüterverkehr bei rund 27%. So entstehen an den Grenzen kritische Engpässe, deren Beseitigung sowohl im jeweiligen bilateralen wie im EG-Interesse liegen muß. Dies trifft vor allem für die Grenzübergänge bei natürlichen Schranken (Ärmelkanal, Alpen, Pyrenäen, Ostseeausgänge) zu, die z.T. als "missing links" gelten, deren technische Überwindung durch Tunnels bzw. Brückenbauten national meist kaum zu finanzieren ist. Hier hat die Gemeinschaft genuine Aufgaben, denen sie sich künftig vermehrt auch finanziell verpflichten dürfte.

Die sog. "transeuropäischen" Transportnetze schließen Straßen-, Schienen-, Luftverkehrs-, Rohrleitungs- und Schiffahrtswegenetze ein, doch soll im folgenden den beiden erstgenannten Netzen die Aufmerksamkeit gelten. Als der Rat im Dezember 1988 ein Infrastruktur-Aktionsprogramm ankündigte, hat die Idee der europäischen Transportnetze bereits eine längere Geschichte, die sich allerdings überwiegend abseits der EG abgespielt hatte. Dabei ist vor allem auf die Kooperationsanstrengungen der Internationalen Eisenbahn-Union (Union Internationale des Chemis de Fer, UIC, Sitz Paris) zu verweisen, speziell deren europäischer Regionalgruppe GEB (Gemeinschaft Europäischer Bahnen), die u.a. bei der Planung eines europaweiten Hochgeschwindigkeitsbahn-(HGB-) Netzes von Beginn an maßgebend war und heute eng mit der Gemeinschaft zusammenarbeitet. Daneben wären weitere fachplanerische Integrationsbestrebungen abseits der EG u.a. im Luftverkehrs- und Straßenbauwesen zu nennen, die aber nie auf fachübergreifende Gesamtnetzstrategien gerichtet waren. Diese Aufgabe wird nunmehr etwa seit 1988/89 zunehmend von der EG-Kommission und ihren Arbeitsgruppen (AG) wahrgenommen.

Geographisch gesehen sollen mit dem Aufbau transeuropäischer Netze möglichst zeit- und energiesparende sowie technisch unkomplizierte großräumige Direktverbindungen hergestellt werden, und zwar

a) zwischen den größeren Wirtschaftszentren (Agglomerationen) (inter-city relations)

b) zwischen den schwach angebundenen Rand- und Inselgebieten und den großen Zentren der Gemeinschaft.

Das Modell umfaßt zunächst außer den Transportnetzen die Bereiche Energie, Telekommunikation und (Berufs-)Bildung (vgl. Aktionsprogramm 1990: 3), wobei inzwischen der letztgenannte Bereich abgekoppelt wurde (vgl. EU-Vertrag 1992, Titel XII). Die Grundidee des Modells wird von dem niederländischen Wohnungsbauministerium in seiner dem EG-Ministerrat gewidmeten Studie "Urban networks in Europe" (Nov. 1991) besonders gut veranschaulicht.

Ausgehend von einem kontinentalen Netz großstädtischer Zentren werden diese untereinander in schematischer Weise jeweils nachbarschaftlich verknüpft. Dabei ergibt sich ein Netz, das (graphentheoretisch ausgedrückt) aus "Knotenpunkten" und "Kanten" besteht, wobei letztere mit Verbindungs-Korridoren gleichzusetzen wären. Bei näherer Prüfung zeigt sich, daß die meisten dieser hypothetischen Korridore tatsächlich mit realen Verkehrssträngen gleichzusetzen sind, die heute täglich "funktionieren" (dies freilich mehr oder weniger gut, wie noch zu zeigen sein wird).

Die Grafik des europäischen Städtenetzes verschleiert jedoch in ihrem graphentheoretischen Schematismus Entscheidendes, nämlich

- z.T. ganz erhebliche Bedeutungsabstufungen der einzelnen "Kanten" (in Abhängigkeit vom wirtschaftlich-demographischen Gewicht der verbundenen Knotenpunkte, von ihrer nachbarschaftlichen Distanz, dem jeweiligen nationalen Entwicklungsniveau u.a.)
- reale Funktionsdefizite unterschiedlichen Grades einzelner "Kanten" (Beispiel: die "missing links" und andere Engpässe.

Dasselbe niederländische Ministerium hat daraufhin die realen Güter- und Personentransporte zwischen 25 großen städtischen Aktionszentren Europas untersuchen lassen (BUIJS & MEIJER & TEN VELDEN 1992: 16ff.) und einem Ranking unterworfen. Obwohl sich die Basis der Analyse nicht überprüfen läßt, wird immerhin generell eines deutlich: Die bei weitem intensivsten Transportbeziehungen über mittlere bis große Distanzen spielen sich im Viereck Berlin-Amsterdam-Paris-Mailand ab, wobei Deutschland mit seinem dezentralen Städtenetz zusammen mit den Benelux-Staaten eine herausragende Stellung einnimmt, während Großbritannien und Spanien (abgeschwächt auch Frankreich und Italien) ihre Schwerpunkte bei den nationalen Binnenbeziehungen haben und Länder wie Dänemark, Irland, Portugal und Griechenland als dünn besiedelte Randstaaten quasi eine "Zuschauerposition" einnehmen.

Die räumlich stark verdichteten Transportbeziehungen in Mitteleuropa werden auf Straße, Schiene sowie auf Binnenschiffahrtswegen abgewickelt, die als multimodales Transportwegesystem in ihren Leistungen aufeinander abzustimmen wären. Voraussetzungen dazu hat die EG-Kommission inzwischen mit einigen "Leitschemata" geschaffen, von denen noch die Rede sein wird. Der weitere Ausbau der Infrastrukturen stößt angesichts der erheblichen Umweltwirkungen des Verkehrs gerade in Mitteleuropa auf deutliche gesellschaftliche Akzeptanzschranken. Wie das sogen. EG-"Grünbuch zu den Auswirkungen des Verkehrs auf die Umwelt" (1992: 12) nachweist, ist der Verkehrssektor (1988) zu rund 30% am EG-weiten Endenergieverbrauch beteiligt. Eine andere EG-Quelle (Globalkonzept 1992: 64) stellt fest, daß 25% der EG-weiten CO_2-Emissionen auf den Verkehr zurückzuführen seien. Da in beiden Fällen die nahezu ungebändigte Expansion des Straßenverkehrs als Hauptfaktor zu gelten hat, gewinnen in Mitteleuropa alternative Verkehrsoptimierungsstrategien wie der Kombinierte (multimodale) Verkehr oder KV (Straße-Schiene-Kanal) an Zugkraft, da ihnen eine umweltentlastende Wirkung (speziell bei den CO_2-Emissionen) zugeschrieben wird.

Die EG-Kommission arbeitet seit etwa 1990 an sogen. "Leitschemata" für einzelne Verkehrsnetze, die sich künftig in ein System europäischer Transportkorridore integrieren könnten. Drei der genannten Schemata, nämlich das für das HGB-Netz, für das Fernstraßennetz und für den KV liegen in mehr oder weniger "fertiger" Form bereits vor und sind einer ersten Analyse aus deutscher Sicht somit zugänglich. Ehe sie näher betrachtet werden, soll vorausgeschickt werden, daß die Leitschemata Bestandteil des in Titel XII des EU-Vertrages geforderten Aufbaus "Transeuropäischer Netze" sind. Sie sind (noch?) nicht verbindliche Richtlinien für die nationalen Infrastrukturplanungen, doch wird im selben EU-Vertrag (Art. 129 c, 130 d) der vermehrte Finanzmitteleinsatz der EG über den neu zu schaffenden "Kohäsionsfonds" bei der Ausgestaltung dieser transeuropäischen Netze in Aussicht gestellt (sogen. DELORS-II-Paket).

Die Durchführung von Infrastrukturvorhaben wird zwar auch künftig prinzipiell in nationalen Händen bleiben, aber über die Gewährung von Kohäsionsfondsmitteln wird die Gemeinschaft doch Einfluß auf die nationalen Planungen zumindest in den "Kohäsionsländern" (vor allem Irland, Portugal, Griechenland) nehmen. Die Wirksamkeit einer solchen Lenkungspolitik der "goldenen Zügel" (REH 1993: 40) wird folglich von den armen Rändern hin zum "reichen Kern" der Gemeinschaft abnehmen: So wird im deutschen Bundesverkehrswegeplan (BVWP) 1992 bei den Investitionskostenanschlägen im Infrastrukturbereich eine künftige EG-Beteiligung bei der Finanzierung (auch der Projekte in den neuen Ländern) gar nicht erst erwähnt.

2.2 EG-Leitschemata für die transeuropäischen HGB-Netze, Fernstraßen netze und für das Netz für den Kombinierten Verkehr (KV-Netz)

Während Deutschland seine staatliche Einheit seit Ende 1989 wiedergewann und einige der ehemaligen RGW-Staaten in Assoziationsverhandlungen mit der Gemeinschaft traten, wurden in Brüssel mit der Erarbeitung von Infrastruktur-Leitschemata Zug um Zug erste Fundamente für die "Transeuropäischen Netze" gelegt, d.h. während der Arbeit an den Schemata veränderten sich gerade in Deutschland die politisch-territorialen Rahmenbedingungen einer europabezogenen Verkehrswegeplanung in umstürzender Weise. Diese Veränderungen fanden z.T. bereits Eingang in die EG-Dokumente, wenn auch auf eine eher überstürzte Weise, so daß weiterführende Überlegungen und rasche Fortschreibungen der Schemata unausweichlich bleiben. Der zeitliche Ablauf der Arbeit an den Dokumenten ist der beigefügten Übersicht zu entnehmen (vgl. auch REH 1993: 39ff.).

Das im Dezember 1990 in Form eines Arbeitsgruppenreports veröffentlichte "Leitschema 2010" für das HGB-Netz war nicht zufällig das erste Dokument dieser Art: Auf dem Eisenbahnsektor gab es - wie erwähnt - bereits eine gewachsene Tradition der europaweiten Zusammenarbeit (im Rahmen der UIC bzw. der GEB). Zudem hatten während der 80er Jahre die nationalen Alleingänge der französischen und der bundesdeutschen Staatsbahnen beim Bau erster HGB-Strecken der 250 km/h-Kategorie (TGV seit 1983, ICE Baubeginn um 1985)

Fakten geschaffen, die die EG-Kommission früh zu eigenen Überlegungen anregten.

Das EG-Leitschema 2010 des europäischen HGB-Netzes umfaßt 14 sogen. "Korridore" in den 14 europäischen GEB-Staaten (EG-Staaten zuzüglich CH und AU). Diese sind in sich z.T. verzweigt und schließen Neubaustrecken (NBS > 250 km/h) und Ausbaustrecken (ABS ± 200 km/h) ein, die sich zu einem einzigen Netz (Sondersituation Griechenlands!) fügen. Bis zum Jahre 2010 werden NBS von einer Gesamtlänge von 9.000 km und ABS von 15.000 km Länge anvisiert, dazu 1.200 km Streckenausbauten im Bereich von sogen. "key links" (14 Engpaßstellen in Grenzlage). Im Falle Deutschlands ist zu beachten, daß im wesentlichen die Neu- und Ausbauprojekte der Bundesbahn aufgenommen wurden, während auf ehem. DDR-Gebiet (einige Monate vor Veröffentlichung der "Verkehrsprojekte Deutsche Einheit") wenige grobe Vorgaben "mit unbestimmter Trassierung" gewagt werden.

Das EG-Leitschema "Horizont 2002" des europäischen Fernstraßennetzes wurde im Mai 1992 (ebenfalls als Arbeitsgruppen-Report) veröffentlicht. Hier liegt der Schwerpunkt beim Autobahnnetz, das EG-weit 35.261 km umfaßt. Wieder geht es im wesentlichen um den Ausbau des bestehenden Netzes (bis 2002 um weitere 12.000 km, d.h. +32%) sowie um die Beseitigung von Engpässen (im Bestand gelten 4.000 km als Enpaßstrecken), speziell in den Grenzübergangsbereichen (1989 liefen 85% des grenzüberschreitenden Straßenverkehrs über Autobahnen).

Die Ausbauansätze basieren auf der Prognose einer annähernden Verdoppelung des europaweiten Autobahnverkehrs von 1990 bis 2010. Obwohl Deutschlands Situation in diesem bedrückenden Szenario durch die Ereignisse seit 1989 sich eher verschärft darstellen dürfte (allein der LKW-Transitverkehr durch Deutschland hat sich zwischen 1980 und 1990 um 118% erhöht und wird voraussichtlich weiter drastisch anwachsen), schreibt das EG-Leitschema für Deutschland praktisch nur den Bestand fest (die "Projekte Deutsche Einheit" sind in diesem Falle bereits eingearbeitet, ebenso die Umgehung Hamburgs, nicht aber die A 49 Borken-Gießen!) Damit wird deutlich gemacht, daß jede weitere Verdichtung des bereits hochentwickelten deutschen Autobahnnetzes als nicht mehr im Gemeinschaftsinteresse betrachtet wird.

Aus deutscher Sicht verdienen die EG-Leitvorstellungen zum Kombinierten Verkehr (KV) besondere Beachtung, da von ihm vor allem eine ökologische Entlastung sowie eine Bewältigung der zu erwartenden Verkehrsmengenzuwächse (quasi auf infrastruktureller status-quo-Basis) erwartet werden. Die bisher bekanntgewordenen EG-Vorstellungen zu einem europäischen KV-Leitschema umfassen 25 sogen. Vorrangstrecken. Dabei handelt es sich nicht um spezielle Streckenneubauten bzw. um ein neu zu errichtendes Netz, sondern um lineare Abfolgen von Straßen-, Schienen- (bzw. Kanal-) Strecken, die - durch entsprechende technische Anpassung und durch den Ausbau von Schnittstellen - für rasche intermodale Transportbewegungen hergerichtet werden. Kern dieser gerade in Deutschland von großen Erwartungen begleiteten Verkehrsumstellung soll die Verlagerung von Teilen des Straßengütertransports auf die Schiene sein. Gilt schon die Herstellung der vollen technischen Kompatibilität der europäischen Eisenbahnnetze als anspruchsvolle Aufgabe, so muß dies um so mehr für die Herstellung eines europäischen KV-Netzes mit seinem hohen logistischen Aufwand gelten, das wesentlich in die fachliche Verantwortung der Eisenbahnen fallen wird. Obwohl bereits heute gerade in Deutschland der KV besonders gefördert wird (Investitionsaufwand 1986-1995: 716 Mio DM, Tagesspiegel, 29.12.1991) und alljährlich über 750.000 LKWs auf das Netz der Bundesbahn lockt (Süddeutsche Zeitungg, 27.11.1991), so nutzen erst lediglich knapp 4% des grenzüberschreitenden Güterverkehrs in der EG die vorhandenen KV-Angebote (Blick durch die Wirtschaft, 4.8.1992).

Diese zögernde Haltung der verladenden Wirtschaft hat vielfältige Ursachen. Bisher sind die Transportangebote des KV so geartet, daß sie erst etwa ab 600 km Transportdistanz als konkurrenzfähig gelten. Somit wird lediglich ein Bruchteil der Transporteure angesprochen, da für 90% des EG-Straßengüterverkehrs eine mittlere Transportentfernung von 200 km gilt (REH 1993: 40). So wird man die Skepsis der Deutschen Verkehrszeitung (10.12.1992) verstehen können, die vor der Annahme warnt, daß der KV den prognostizierten starken LKW-Verkehrszuwachs bis 2010 zusätzlich aufnehmen könne. Ehe diese Erwartungen in Erfüllung gehen können, bedarf es einer kostspieligen technisch-organisatorischen Revolutionierung des gesamten KV-Sektors.

Das von der EG-Kommission bislang vorgeschlagene Netz der "europäischen Korridore des KV" lehnt sich naturgemäß eng an das Leitschema für den HGB-Verkehr an. Im Falle Deutschlands werden bereits Bezüge zu Schweden, Polen und Böhmen vorgegeben. Die enge Bindung an die neuen HGB-Strecken wirft jedoch die Frage auf, ob gerade diese Strecken, die vor allem dem schnellen Personentransport dienen sollen, zur Aufnahme des wachsenden KV-Transportgutes besonders geeignet sein werden; denn noch gilt, daß mit wachsender Transportgeschwindigkeit die maximale Achslast sinkt (derzeit entspricht bei der DB einer Maximalgeschwindigkeit von 160 km/h eine Achslast von maximal 22,5 t; bei einer Temposteigerung auf 200 km/h dürfte die Achslast auf 18 t absinken; vgl. Dt. Verkehrszeitung, 17.12.1992). So werden die zu den HBG-Trassen etwa parallel verlaufenden "Altstrecken" einen guten Teil des künftigen KV-Aufkommens abzuwickeln haben. Fest steht jedenfalls, daß die bestehenden Möglichkeiten des KV (vor allem zwischen Schiene und Kanal) noch bei weitem nicht genutzt werden, so daß der EG-Ansatz eines europäischen KV-Netzschemas mit Recht weiter verfolgt wird.

Betrachtet man die vorgestellten EG-Leitschemata, so fällt ihr überaus enger fachlicher Bezug ins Auge. Zwar ist wiederholt vom Ziel eines einzigen integrierten Verkehrssystems in Europa (Europa 2000), und zwar eines notwendigerweise intermodalen Verkehrssystems (Globalkonzept 1992) die Rede, doch werden - abgesehen vom KV - kaum intermodale Bezüge bei den Leitschemata für Bahn und Straße hergestellt. Auch wird die raumordnerische Qualität der verschiedenen Netze, insbesondere der "Hauptkorridore" nicht thematisiert. In der deutschen Raumordnung gelten die übergeordneten Verkehrslinien als Axialräume mit erhöhten Standortqualitäten für Siedlungen und Wirtschaft, als Ordnungsinstrumente im verstädterten Raum, als Entwicklungsinstrumente im ländlichen Raum. Analog ihrer sehr unterschiedlichen Bedeutung als Verkehrskorridore werden sie entsprechend hierarchisiert (wie z.B. in Hessen) usw. Derartige Überlegungen finden sich in keinem der untersuchten Leitschemata, nicht einmal im Dokument "Europa 2000", das immerhin die "Perspektiven der künftigen Raumordnung der Gemeinschaft" vorzugeben beansprucht.

3. Einige Konsequenzen des Konzepts der "Transeuropäischen Netze" für die Verkehrsplanung im wiedervereinigten Deutschland

An mehreren Stellen wurde bereits das besondere Interesse Deutschlands an den Brüsseler Arbeiten zu den "Transeuropäischen Netzen" verdeutlicht (Stichworte: hohes Verkehrsaufkommen, hohe Umweltsensibilität, geographische Neuorientierung als Transitland seit der Wiedervereinigung). Obwohl die Bundesregierung sich aktiv an der Erarbeitung der EG-Verkehrskonzepte beteiligt, ist nicht zu erwarten, daß gerade die neu erwachsenen Bedürfnisse der deutschen Verkehrswegepolitik stets in vollem Umfang in die Brüsseler Dokumente Eingang finden. Das Unbehagen hieran wird denn auch in mehreren amtlichen Bonner Dokumenten aus der zweiten Jahreshälfte 1992 deutlich (Empfehlungen der BRD zu einem europäischen Raumentwicklungskonzept, erste Entwurfsskizze vom 28.9.1992; Bundesratsbeschluß zum Dokument "Europa 2000" vom 6.11.1992; Zu einem europ. Raumentwicklungskonzept, Empfehlungen des Beirats für Raumordnung vom 11.11.1992).

Der jüngste "Raumordnungspolitische Orientierungsrahmen" der Bundesregierung, von der MKRO am 27.11.1992 als raumordnerisches Basisdokument akzeptiert, etabliert ein neues "Leitbild Verkehr". Er nimmt zwar Bezug auf die "Transeuropäischen Netze" der EG, entwickelt jedoch daneben ein neues Netz von "großräumigen Verkehrskorridoren", indem eine Verlagerung des überlasteten Straßenverkehrs auf die Schiene angestrebt wird. Diese "Korridore" folgen nur teilweise den EG-Leitvorstellungen über den kombinierten Verkehr: So bleibt der dort vorgeschlagene KV-Korridor Hamburg-Berlin-Dresden (- Prag) im "Leitbild des Verkehrs" des Orientierungsrahmens überraschenderweise unberücksichtigt. Die raumordnerischen Ordnungsfunktionen der Verkehrskorridore, auf die der Bundesrat in seiner Sellungnahme zum Dokument "Europa 2000" am 6.11.1993 so diffenziert wie nachdrücklich einging, finden im Orientierungsrahmen ebenfalls keinen Niederschlag.

Zwar sind die Transportkorridore sowohl in den EG-Leitschemata wie auch im "Orientierungsrahmen" bewußt stark generalisiert wiedergegeben, doch läßt sich für Deutschland anhand des Bundesverkehrswegeplans (BVWG) 1992 der geographische Aussagebezug fast immer präzise herstellen. Im folgenden werden also die erwähnten "Korridore" gewissermaßen beim Wort genommen, d.h. mit den Streckenplanungen des BVWP '92 konfrontiert. Dabei sollen zunächst Übereinstimmungsgrade der EG-Vorgaben mit den deutschen "Korridor"-Vorstellungen auf deutschem Boden ermittelt werden, um ggf. Besonderheiten der nationalen Netzplanungen herausarbeiten zu können. In einem zweiten Schritt soll versucht werden, die durch die vorgesehene Ausweitung des KV in Deutschland zu erwartenden Streckenbe- und -entlastungen sichtbar zumachen.

3.1 Schienennetz

Die HGB-Vorgaben der EG fügen sich weitgehend in den "vordringlichen Bedarf" des BVWP '92 ein (das betrifft auch die "Projekte Deutsche Einheit"). Das EG-Leitschema stuft lediglich einige Teilstrecken, die im BVWP nur als ABS aufgeführt werden, zu NBS (> 250 km/h) hoch (Beispiele: Graben-Neudorf-Basel, München-Ingolstadt bzw. Augsburg, Hannover-Oebisfelde). Auch im Falle der Strecke Nürnberg-Passau (-Linz) markiert das EG-Leitschema eine ABS, während der BVWP keinen "vordringlichen Bedarf" sieht. Interessant ist, daß beide Dokumente im gesamten nördlichen und östlichen Grenzgebiet nahezu keinen vordringlichen Ausbaubedarf sehen, obwohl der "Raumordnungspolitische Orientierungsrahmen" hier in 4 Fällen (!) - mit guten Gründen - einen "Aus- und Neubau von Verbindungen mit Osteuropa" vorsieht. Die hier erkennbare Inkonsistenz der verschiedenen Planungsbereiche mag als Indiz für eine gewisse Unsicherheit bezüglich der künftigen Bedeutung der Verbindungen mit Polen und Böhmen gelten. Das Transrapid-Projekt, dessen Trasse Berlin-Hamburg im BVWP '92 immerhin als "positiv zu beurteilen" eingestuft wird, spielt einstweilen weder in den Vorrangplänen des BVWP noch im EG-Leitschema irgendeine Rolle.

3.2 Fernstraßennetz

Wie bereits erwähnt, decken sich die Vorstellungen des EG-Leitschemas nahezu mit dem realen deutschen Autobahnbestand (zuzüglich den Erweiterungen durch die "Projekte Deutsche Einheit"). Darüber hinaus wird in beiden Dokumenten offenbar kein weiterer größerer Streckenneubaubedarf gesehen (der Ausbaubedarf ist dem BVWP detailliert zu entnehmen).

3.3 Netz des Kombinierten Verkehrs (KV)

Die grob umrissenen KV-Korridore der EG-Kommission lassen sich auf deutscher Seite lediglich mit den Korridoren ("Verlagerung von Straßenverkehr aus hochbelasteten Korridoren auf die Schiene") des "Leitbilds Verkehr" im Raumordnungspolitischen Orientierungsrahmen der Bundesregierung konfrontieren. Dabei wird erkennbar, daß die (älteren) EG-Vorgaben auf deutschem Boden detaillierter und räumlich weitgreifender sind. So werden im EG-Dokument die Autobahnen in der überbelasteten "Rheinschiene" Duisburg-Frankfurt durch zwei parallel geführte KV-Strecken (über Siegen bzw. Koblenz) entlastet.

Im Osten Deutschlands findet sich der wichtige KV-Korridor Hamburg-Berlin-Dresden (-Prag) zwar im EG-Dokument, nicht jedoch im deutschen "Leitbild Verkehr", das lediglich die mögliche Verlagerung von der Straße auf die Schiene, nicht jedoch auf einen Schiffahrtsweg (in diesem Falle die Elbe) dokumentiert. Offenbar der gleichen Überlegung fiel der Korridor Nürnberg-Passau (-Linz) im "Leitbild Verkehr" zum Opfer, da hier die Gütertransportverlagerung von der Autobahn auf den Main-Donau-Kanal angestrebt werden dürfte. Es stellt sich jedoch die Frage, ob die Binnenschiffahrt wirklich einen dem Schienenverkehr vergleichbaren Entlastungseffekt für die überbelegten Autobahnen wird schaffen können. Zumindest in den Fällen der Autobahnen Hamburg-Berlin und Berlin-Dresden ist dies keinesfalls zu erwarten. So sollten wenigstens in diesen Fällen entsprechende Verlagerungskorridore in das "Leitbild Verkehr" aufgenommen werden, schon um den traditionell weitgreifenden Hinterlandbeziehungen Hamburgs Rechnung zu tragen.

Die Realisierung des im EG-Leitschema angedeuteten KV-Netzes sowie der aus dem deutschen "Leitbild Verkehr" ableitbaren KV-Korridore auf deutschem Boden würde einerseits zusätzliche Belastungen für bestimmte Eisenbahnstrecken mit sich bringen, während andererseits bestimmte Autobahnen (im günstigen Falle) eine spürbare Entlastung zu verzeichnen hätten.

Verliefe der Ausbau multimodaler Verkehrskorridore im Sinne des EG-Leitschemas, so würden die meisten Neubau- und Ausbaustrecken der DB/DR eine solche Zusatzlast zu tragen haben (womit schließlich ihr Bau u.a gerechtfertigt wäre), ferner einige ihrer Parallelstrecken. Ob der derzeitige Ausbaustand solcher Strecken wie Köln-Bingerbrück, Frankfurt-Marburg-Kassel oder Berlin-Saßnitz diesen steigenden Anforderungen seitens des aufzunehmenden KV gewachsen wären, erscheint freilich fraglich. Hier wäre ggf. eine Bedarfsüberprüfung im BVWP vorzunehmen. Die Realisierung der entsprechenden Vorgaben des "Leitbilds Verkehr" würde solche Probleme vermutlich in geringerem Maße aufwerfen.

Auf der anderen Seite wären bei bestimmten Autobahnen im günstigen Fall die herbeigeplanten Entlastungen zu erwarten, die man sich - nach bisherigen Erfahrungen - freilich nicht dramatisch vorstellen darf. Dies beträfe im Falle der

Realisierung des EG-Konzepts alle großen deutschen Autobahn-Transversalen. Demgegenüber würden die Autobahnen Hamburg-Berlin, Berlin-Dresden, Berlin-Stettin, Dresden-Görlitz (-Breslau) und Nürnberg-Passau keine nennenswerte Entlastung von Seiten des KV erhalten, wenn die Entwicklung nach den (eher verbindlichen) Vorgaben des "Leitbilds Verkehr" der Bundesregierung verliefe, es sei denn, die dort vorgesehenen ostwärtigen "Verbindungen für den Transitverkehr", für die ein Aus- bzw. Neubau erwogen wird, erhielten einen Ausbaustand für den KV.

Die Raumwirksamkeit des KV bindet sich nicht nur an die schmalen Räume der von ihm erfüllten Transportkorridore. Vor allem die Schnittstellen, d.h. die intermodalen Umladepunkte, böten mit ihrem näheren Umfeld besondere Standortvorteile für die auf den KV ausgerichtete Wirtschaft. Sie könnten somit regionalpolitische Akzente setzen, die mit den jeweiligen Zielen der Landes- und Regionalplanung zu vermitteln wären. Der BVWP '92 enthält eine Liste der derzeit von den deutschen Eisenbahnen bzw. von den Ländern geplanten KV-Terminals und Güterverkehrszentren (GVZ).

Mit Ausnahme der KV Terminals Singen, "Oberfranken" und Mühldorf liegen alle übrigen Schnittpunkte des intermodalen Verkehrs in oder bei Oberzentren der Raumordnung. Sie nutzen somit die an solchen Standorten zu erwartenden Vorteile (Rangierkapazitäten, Autobahnanschlüsse), könnten umgekehrt auch zu einer Aufwertung der Standorte beitragen. Auf der anderen Seite sind derartige Zentren keineswegs umweltneutral. Vielmehr gelten sie als große Flächenverbraucher (GVZ Bremen: 200 ha, GVZ Kassel: 80 ha nach Planungen) und tragen zu einer regionalen Bündelung des LKW-Verkehrs gerade in den ohnehin von Raumknappheit und hoher Verkehrsbelastung geschlagenen Stadtregionen bei. So könnten regionale Wirkungsbilanzierungen des vielgelobten KV künftig zu durchaus unerwarteten Ergebnissen führen.

Betrachten wir einmal die zu erwartenden Raumwirkungen der KV-Knotenpunkte als eher positiv, so zeigt sich, daß nach Errichtung aller Schnittstellen der Westen und Süden Deutschlands generell die weitaus besten Zugänge zu ihren attraktiven Angeboten hätte, während gerade die traditionell strukturschwächsten Räume wie Nordbrandenburg, Vorpommern, Emsland, Oberpfalz und Bayerischer Wald die größte KV-Ferne aufwiesen, d.h. die im BVWP '92 erkennbare Standortpolitik von Eisenbahnen und Ländern im KV-Bereich müßte als regionalpolitisch kontraproduktiv eingeschätzt werden, zumal wenn sie langfristig angelegt wäre. Zwar weisen die genannten Räume noch eine vergleichsweise geringe Transportnachfrage auf, so daß es gerechtfertigt erscheinen mag, ihnen vorläufig nicht die erste Priorität bei der Einrichtung moderner KV-Schnittpunkte zu gewähren. Doch sollte bei den weiteren Planungen die Einbindung dieser infrastrukturell bislang ohnehin stets vernachlässigten Räume in das Netz der KV-Servicepunkte im Auge behalten werden.

Das weitgefaßte Thema der europäischen Transportkorridore konnte hier nur in wenigen, ausgewählten Aspekten - vor allem aus deutscher Sicht - diskutiert werden. Nicht behandelt wurden u.a. die potentielle Rolle der See- und Binnenhäfen als Entlastungsfaktor im System der "Transeuropäischen Netze", ebensowenig die technischen und organisatorischen Aspekte der Netzmodernisierung. Dies wären eigene neue Themen für ein weiteres Symposium.

Continental Transport Corridors in the EC
- an Outline from the German Point of View

Ekkehard Buchhofer

1. Transport policies of the EC up to the date of the award of an injunction against the Council by the European Court on May, 22nd 1985

The current physical area of the European Community extends over about 16 degrees of longitude and 23 degrees of latitude. There are distances between the metropolitan centres on the periphery such as Glasgow and Athens, Seville and Copenhagen of 2.900 and 2.500 kms respectively. Taking these geographical dimensions into account, the transport sector of the Community must assume a fundamental economic importance. Important positive effects of an economic and socio-political nature can thus be attributed to the transport sector, particularly with regard to transport infrastructure, during the course of the European unification process. Examples of this would be in its contribution to a closer economic and social coherence of the Community, to the process of integration of its border areas as well as its economic growth through the promotion of competition and the promotion of tourism (just to mention a few important aspects). It is relevant that the contribution of the traffic sector (including its traffic related industrial and construction fields) to the GDP of the Community is estimated at about one tenth of the total (Grünbuch 1992: 7). This should not be obscure the possibility, which cannot be examined more closely at this stage, that, according to estimates by the OECD, the total costs to the economy caused by traffic might reach similar dimensions (Grünbuch 1992: 8). In this, the traffic related environmental impact as one external cost factor plays a special role.

The EC thus has every reason to turn its attention to the subject of transport policies. Not the least reason for this can be seen in the growth dynamics of traffic volumes, particularly with regard to the strong and undesirable growth of road traffic. EC-wide cargo traffic (in tonnes/km) grew by 53% from 1970 to 1990 (within this, road traffic increased by 111%, while rail traffic decreased by 18%). In the same period the dominant position of roads as traffic carriers strengthened from 50,6% to 69,9% (rail 27,8 % and 15,4% respectively). Private car transport, which already dominated passenger traffic (as measured in person-kilometers) in 1970, further increased from 76,1% to 79,0% in 1990 (rail 10,0% and 6,6% respectively). The total volume of passenger transport grew almost twice (+92%) as much as that of cargo transport (caused in particular by the increased use of private cars) (see Globalkonzept 1992: 119f.).

These few basic data have to be complemented by somewhat disquietening forecasts, to which the transport policies of the EC must be related (Grünbuch 1992: 37). According to these, the demand for transportation services will grow in both passenger transport as well as cargo transport (not least as a reflex to the increasing completion of an EC-wide internal market and the foreseeably stronger proximity of Northern and Eastern Europe to the Community): An increase in cargo traffic of 42%, of rail traffic, still, of 33%, is expected for the period from 1990 to 2010, while it is assumed that the stock of personal vehicles will increase by 45% (from 1987 to 2010).

Given these facts, it is surprising that the EC has only somewhat belatedly taken steps towards common transport policies. This, despite the fact that even the EEC founding charter contained a Section "Transport" and included the demand for common transport policies; a demand made since it was clear that the guarantee for free flow of goods, people and services (i.e. the basic freedoms of a common market) could not be secured simply on the basis of diverse national transport policies (REH 1993: 35f.). However, it transpired that transport policy, in particular, had historically been considered to be a task of formulation at national level and the transfer of authority in this sensitive area was seen as a renunciation of sovereignty. It is not, therefore, surprising that the Community's organisations preoccupied themselves for years with questions such as weight norms for trucks, regulations with regard to the licensing of cargo traffic and similar low priority issues, but not with common trans-border traffic concepts or even the coordination of traffic networks inside the Community. This remarkable reticence of EC organisations, particularly with regard to the problems of transport infrastructure, was worsened by insecurity over authority as well as by complicated voting mechanisms in the committees. This reached such an extent that REH (1993: 36) was able to talk of a near self-boycott by the EC Ministers' Council. In 1978 an obligatory reporting requirement was introduced pertaining to all plans concerning transport routes of importance to the EC and in 1982 a "limited action in the sphere of transport infrastructure" was carried through with EC financial assistance (REH 1993: 40). However, these rather circumscribed and sporadic activities could not dispel the impression of a general autoparalysis of the EC with regard to transport policies.

In this situation the EC parliament decided to apply for an injunction against the Commission in the European court. This decision was handed down on the 22nd May 1985. This did not go so far as to bind the Ministers Council to formulate a comprehensive transport policy (not the least reason being that the principle of subsidiarity would be contravened). However, it provided an impetus towards a more decided approach to the solution of this problem which had been neglected for so long, particularly with regard to the policy on infrastructure. In this field there had been developed a grave, community wide, "investment gap" which became increasingly tangible with regard to the rapidly increasing traffic flows. 1975 saw the community wide investment quota in the field of transport infrastructure at a level of 1,5% of the GDP while in 1990 this quota was only 1% (Blick durch die Wirtschaft, 4.8.1992). In the year following the granting of the injunction (1986) the Single Europe Act came into force and opened new perspectives for a further rapprochement of the now twelve community member states, so that the pressure for the acceptance of a single common transport policy became increasingly greater.

2. The concept of the "Trans-European Network" as the core of a common transport policy since 1988/89

2.1 "Trans-European" transport- and communication connections as the objective of an EC transport policy

In the community there are now twelve national transport networks each within the ambit of its own political and fiscal national authorities and each with its own specific development history. These national particularities can be seen, for example in the, at times, different railway gauges, signal and electrification systems of the individual national railways as well as the differing construction specifications for long-distance roadways. Thus, not even today, can there be any talk of a full technical and organisational compatibility inside the Community. Nevertheless there is a growing interest in the development of such a compatibility. Because of the continuance of the existing national authorities, the right of the European Community to co-formulate policy is limited to those parts of national traffic networks which exhibit "trans-European" functions (e.g. as transit routes or main connections with trans-border importance). In this context, routes in the proximity of borders, or which cross them, play a particularly critical role, since traditionally there were relatively low local traffic volumes as a result of the so-called "frontier-effect" and thus accordingly low standards of construction are encountered. It should be remembered that most traffic movement takes place within the individual national states and, even there, within a radius of 150 kms (Globalkonzept: 14).

On the other hand, the proportion of inter-state cargo transport is growing in relation to the total within-community cargo transport: in 1989 this amounted to 19% for road cargo transport and about 27% for rail cargo transport. Thus critical bottlenecks occur at borders, the eradication of which must be in the interest of both the particular countries and the EC as a whole. This is particularly true for border crossings with natural barriers (the Channel, the Alps, the Pyrenees and the Baltic Sea exits), which are often considered as the "missing links". The technical solutions to these problems such as tunnelling and the building of

70

bridges can rarely ever be financed at the national level. It is here that the Community has to fulfil genuine tasks, which it might increasingly commit to financially as well.

The so-called "trans-European" transport networks include those of roads, railways, air traffic, pipelines and water-ways; however only the first two can be considered in the following. At the time that the Commission announced its infrastructure-action-programme in 1988, the idea of European transport networks had had a lengthy history, even though the manifestation of this was, for the most part, outside the EC. In this context, above all, we have to draw attention to the efforts in cooperation of the International Railways Union (Union Internationale des Chemins de Fer, [UIC], headquarters in Paris) and especially its European regional group, CER (Community of European Railways). This organisation participated, among other things, in the planning of a Europe-wide high speed railway (HSR) network from the beginning and even today works closely with the Community. Other competency based integrated planning approaches could be named too, e.g. in the fields of air-traffic and road-building, but they were never targeted at formulating a multidisciplinary strategy for the network as a whole. Since 1988/89 this task has been increasingly undertaken by the EC Commission and its working groups (WG).

Seen from the geographical point of view, the development of Trans-European Networks has, as its purpose, the creation of the most time and energy efficient as well as technically uncomplicated direct links and these mainly:
a) between the bigger economic centres (agglomerations) (inter-city relations)
b) between the weakly integrated border and island areas and the main centres of the Community

The model initially embraced, apart from the transport networks, the areas of energy, telecommunications and (professional) training (see: Kᴏᴍᴍɪssɪᴏɴ 1990: 3). Subsequently the latter field was separated out (comp.: EU-contract 1992, Section XII). The basic idea of the model is particularly well illustrated in the study "Urban networks in Europe" (Nov. 1991) published by the Dutch Ministry for Housing and adressed to the EC Ministers' Council.

Starting from a continental network of metropolitan centres these get linked up in a neighbourly manner, each with others. From this comes into being a network which, if expressed in terms of diagrammatic (graph theoretic) description, consists of "nodes" and "edges", whereby the latter are to be equated with corridors. When looking at more closely, it becomes apparent that these hypothetical corridors are indeed to be understood as real traffic streams, which "function" daily (even if rather more badly than well, as remains to be shown).

The diagramatic schematism of the graphic representation of the European urban network however, obscures some essentials:

- there are major variances in importance between the individual "edges" (depending on the economic-demographic weighting of the inter-linked knots , of their distance from each other, of the particular level of national development reached etc.)
- differing degrees of functional deficits between particular "edges" (e.g. the "missing links" and other bottlenecks).

Recognizing this, the same Dutch Ministry arranged for a study of the actual cargo and personal transport between 25 major urban activity centres in Europe (BUIJS & MEIJER & TEN VELDEN 1992: 16ff), subjecting them to a ranking. While the foundations of this analysis cannot be verified, one thing becomes clear: by far the most intensive transport relationships over medium and long distances occur in the square between Berlin-Amsterdam-Paris-Milan. In this Germany and the Benelux countries play a major role with their decentralized city-networks, while Great Britain and Spain (and to a lesser degree France and Italy) have their emphasis on national internal connections. Countries like Denmark, Ireland, Portugal and Greece adopt a virtual "spectators position" due to their situation as sparsely populated rim states.

The spatially strongly concentrated transport connections in Central Europe are created with roads, rails and internal waterways, which would need to be adjusted to each other in terms of their services. In the meantime the EC Commission has created preconditions for this with several "outline plans", which will be discussed later. There are clear limits to societal acceptance of further extension of the transport infrastructure, especially in Central Europe. The so-called EC "Grünbuch zu den Auswirkungen des Verkehrs auf die Umwelt" (Green paper on the impact of traffic on the environment) proves that the transport sector (1988) contributes about 30% to EC-wide total energy consumption. Another EC source (Globalkonzept 1992: 64) states that 25% of EC-wide CO_2-emissions can be related to traffic. With unbridled road transport being the main factor in both cases, alternative strategies to optimize traffic in Central Europe such as Combined (multimodal) Transport or CT (road-rail-canal) are gaining in attraction, since they are expected to have amelioratory effects on the environment (particularly with regard to CO_2-emissions).

Since 1990 the EC Commission has been working on so-called "outline plans" for individual transport networks, which could become integrated into a system of European transport corridors. Three of these schemata, namely those for the HSR network, long distance road network and for the CT, are available in more or less "final" form now and are thus accessible to a first analysis from a German point of view. Before these are considered, it should be said that these guiding schemata are part and parcel of the development of "Trans-European Networks" as called for in Section XII of the EU-contract. They are not (yet?) obligatory guidelines for national infrastructural plans, but the very same EU contract (art.

129c, 130d), promises the increased application of financial resources by the EC for the build-up of these Trans-European Networks through the "cohesion fund" yet to be created (the so-called DELORS-II-package).

The realisation of infrastructural plans may stay principally in national hands, but the granting of cohesion funding will enable the Community to influence national planning at least in the "cohesion countries" (mainly Ireland, Portugal, Greece). The effectiveness of such a steering policy of "golden reins" will thus decrease from the poor rim-countries to the "rich nucleus" of the Community: in the investment budget for the infrastructural expenses contained in the Bundes-verkehrswegeplan (German Federal Traffic Route Plan) 1992, no mention is even made of a future EC involvement in financing.

2.2 Graphic outline plans for the EC trans-European HSR network, motorway network and for the Combined Transport Network (CT network)

During the period that Germany was becoming an unitary state since the end of 1989, and while some former Comecon-states entered into membership nego-tiations with the community, the first steps towards the foundations for a Trans-European Network were laid down in Brussels with the development of outline plans for a Trans-European Network. Thus, during the period that these guide-lines were being formulated, there were dramatic political-territorial framework changes, especially in Germany, that were to effect European-wide transport route planning. Although these changes were to some extent included in the EC documents, this was done in a rather rushed way, so that subsequent discussion and rapid amendment remain unavoidable.

"Outline plan 2010" for the HSR network, published in December 1990 in the form of working group reports, was not by accident the first document in this style. There was, in the railway sector, as already mentioned, a developed tradi-tion of Europe-wide collaboration (within the framework of the UIC or the CER). Furthermore during the 80's, the solo efforts of the French and German national railways with regard to the development of high-speed railways of the 250 kms/hr category (TGV since 1983, ICE development from 1985 onwards) created pre-cedents that resulted in the early stimulation of the EC Commission toward its own deliberations.

The EC guidelines 2010 for European HSR network portray 14 so-called "corridors" in the 14 European CER states (the EEC states together with CH and AU). These are in themselves interwoven and comprise newly built lines (NL > 250 kms/h) and upgraded lines (UL ± 200 kms) which fuse into one network (specific situation Greece). Up to the year 2010 it is envisaged to build new HSR lines of a total length of 9.000 kms and upgraded lines of a total of 15.000 kms, as well as 1.200 kms of improved lines in the area of so-called "key links" (14 bottle-necks in border areas). In the case of Germany it has to be recognised that essentially the building and improvement projects of the railways were included, while in the area of the former GDR (some months before the publication of "Verkehrsprojekte Deutsche Einheit" (Transport Infrastructure Projects 'German Unity')) only a few rough outlines "with undetermined routing" were being ventured.

The EC outline plan "2002 Horizon" for the European long distance road network was published in May 1992 (also as a working group report). In this, the emphasis is on the motorway network which extends over 35.261 kms EC-wide. Again, it deals mainly with the development of the existing network (by the addition of 12.000 kms up to 2002, i.e. an increase of 32%), as well as the eradication of bottlenecks (currently 4.000 kms are assumed to be bottleneck routes), particularly in the areas adjacent to border crossings (in 1989, 85% of all trans-border traffic was motorway traffic).

These moves towards extension are based on the prognosis of a near doubling of Europe-wide motorway traffic between 1990 and 2010. While the events since 1989 may have worsened Germany's situation in this depressing scenario (the heavy road transport transit traffic through Germany, on its own, has increased by 118% and is predicted to continue increasing drastically), the EC guidelines for Germany virtually only freeze stocks at the current level (the road projects "German Unity" have, in this case, already been included, as has the by-pass around Hamburg, although not the A 49 Borken to Giessen!).

From the German point of view, the EC guiding principles on Combined Transport (CT) deserve special attention, since this is expected to provide ecological relief as well as to help in overcoming the anticipated increase in traffic volume (that is to say apparently on an infrastructural status quo basis). The EC ideas on the European CT guidelines publically known so far include 25 so-called priority corridors. What is known does not seem to be concerned with newly built routes or networks, but with a linear sequence of road and rail (as well as canal) routes, which are to be upgraded for quick intermodal transport movements through appropriate technical adaptations and the development of interchanges. At the centre of this change in traffic, which has aroused high hopes, particularly in Germany, is supposed to lie in the transference of part of the road cargo traffic unto rails. With the achievement of complete technical compatibility of the European railway network already being regarded as an ambitious task, this has to be true that much more for the achievement of a European CT network with its high logistical demands, falling as it will mainly under the professional responsibility of the Railways. Although CT is being promoted, particularly in Germany (Tagesspiegel, 29.12.1991: total investments made 1986 - 1995: DM 716 millions), where more than 750 000 trucks are attracted annually onto the Bundesbahn network (Süddeutsche Zeitung, 27.11.1991), only 4% of bordercrossing cargo traffic uses CT facilities available in the EC (Blick durch die Wirtschaft, 4.8.1992).

There are multiple reasons for this hesitant attitude of the loading industry. Up to now, CT conditions are of a kind which makes them perceived to be competitive only on transport distances of above 600 kms. It thus only adresses itself towards part of the transport market, since 90% of EC road cargo traffic takes place over medium transport distances of 200 kms (REH 1993: 40). From this the scepticism of the "Deutsche Verkehrszeitung" will be understandable, warning as it does of the assumption that CT could indeed additionally accomodate the predicted large increase in motor truck traffic up to the year 2010. An expensive technical and organisational revolution of the complete CT sector would be necessary before such expectations could be fulfilled.

The network of "European corridors of CT" so far suggested by the European Commission naturally proximates closely with the guidelines for HSR traffic. In the case of Germany even connections towards Sweden, Poland and Bohemia have already been outlined. The close proximation to the new HSR routes, however, suggests the question as to whether these routes, which are primarily destined to serve fast passenger traffic, are particularly suited to accomodate the growing CT of goods; because it is still the case, that with growing transport speeds the maximum axle loading declines (in Germany a maximum speed of 160 km/h currently corresponds with an axle loading of a maximum of 22,5 tonnes; with an increased speed of 200 km/h the axle loading may reduce to 18 tonnes: see Deutsche Verkehrszeitung, 17.12.1992). Thus the "old routes" running parallel to the HSR tracks will have to cope with a good part of the future CT volumes. It is, however, certain that the existing potentials for CT (particularly between rail and waterway) are by no means being fully utilised, so that the continuation of the EC approach to a new European CT network guideline is justified.

If one looks at the proposed EC outline plans, their extremely narrow professional framework becomes apparent. Although, repeatedly, talk is of the objective of a single integrated traffic system in Europe (Europe 2000), and a necessarily intermodal traffic system (Globalkoncept 1992) at that, rarely are any intermodal relationships, CT excluded, described in the guidelines for rail and road. Also the regional planning quality of the different networks, particularly of the "main corridors", is not being made into an issue. In German regional planning, highly rated transport routes are regarded as axial spaces with heightened location qualities for settlements and economic activity, as structural instruments in urban areas and as development instruments in rural areas. They are graded hierarchically according to their very different levels of importance as transport corridors (e.g. in Hessen) etc. Considerations of this kind are not to be found in any of the

EC guidelines that have been examined, not even in the document " Europe 2000", which claims to presuppose the "Perspektiven der künftigen Raumordnung der Gemeinschaft" (perspectives of future regional planning in the Community).

3. Some consequences of the concept of "Trans-European Networks" for transport planning in re-united Germany

Germany's special interest in Brussel's work regarding the "Trans-European Networks" has been previously clarified in several instances (keywords: high traffic density, high environmental sensitivity, geographic re-orientation as a transit country since re-unification). Even though the German government participates in the formulation of EC transport concepts, it is unlikely that particularly the newly emerged needs in German transport route policies will always find entry to a full extent into Brussel's documents. Several of Bonn's documents from the second half of 1992 show this discomfort clearly ("Empfehlungen der BRD zu einem europäischen Raumentwicklungskonzept, erste Entwurfsskizze" vom 28.9.1992; Bundesratsbeschluß zum Dokument "Europa 2000" vom 6.11.1992; Zu einem europ. Raumentwicklungskonzept, Empfehlungen des Beirats für Raumordnung vom 11.11.1992) (Recommendations of the FRG for a European regional development concept, first design sketch of 28.9.1992; decision by the Bundesrat on the document "Europe 2000" of 6.11.1992; Towards a European regional development concept, recommendations of the Subcommittee for Regional Planning of 11.11.1992).

The latest "Raumordnungspolitischer Orientierungsrahmen" (Regional Planning Policy Orientation Framework) of the Federal Government, accepted as a document of the basis for regional planning by the MKRO (Ministers' Conference for Regioal Planning) on 27.11.1992, establishes a new "Transport Model" (Leitbild Verkehr). Although it refers to the "Trans-European Networks" of the EC, it develops a new network of "extensive transport corridors" alongside this, by advocating a transference of overburdened road traffic to the railways. These "corridors" only partially follow the EC model for combined transport; surprisingly, the CT corridor Hamburg-Berlin-Dresden (-Prague) as suggested there, is left unmentioned in the "Transport Model". The regional planning structural functions of the traffic corridors, which the Bundesrat in its comments on the document "Europe 2000" of 6.11.1992 deals with in such a differentiated and emphatic way, also do not find any expression.

Even though the transport corridors have been reflected purposefully in a generalised manner, both in the EC guidelines as well as in the "Orientational Framework", the connection to the geographic basis for their portrayal can, in Germany's case, almost always be made precisely using the Bundesverkehrswegeplan (BVWP) 1992 (Federal transport routes plan). The following sets out to take these "corridors" literally, so to speak, i.e. to contrast them with the route planning of the BVWP '92. In this, an attempt will be made, firstly, to determine to which degree the EC proposals conform with German ideas for "corridors" on German soil, in order to be able to discover the possible existance of special characteristics of national network plans. In a second step, it will be attempted to illustrate the likely impact of an extension of CT on the burden or relief on routes in Germany.

3.1 Railway Network

The HSR standards of the EC mostly fit into the "vordringlichen Bedarf" (priority needs) of the BVWP '92 (that also concerns the Projects "German Unity"). It is only that the EC guidelines rate several route sections more highly. Some of those which are listed as upgraded lines in the BVWP, are rated as new lines (> 250 km/h) (Examples: Graben-Neudorf-Basel, München-Ingolstadt and Augsburg, Hannover-Oebisfelde). In the case of the route Nürnberg-Passau (-Linz), too, the EC guidelines portray an upgraded line, while the BVWP doesn't see "priority need". It is interesting that both documents do not see any priority need for improvements in the whole of the northern and eastern border areas, although the "orientation Framework" makes, with good reasons, explicit provison for "Aus- und Neubau von Verbindungen mit Osteuropa" (upgrading and new construction of links with Eastern Europe) in at least 4 cases (!). The inconsistency of the different planning reports reflected in all of this, may be taken as an indication of a certain insecurity regarding the future importance of connections with Poland and Bohemia. The Transrapid Project doesn't play any role in the priority plans of the BVWP nor in the EC guidelines, despite the fact that its tracks, from Berlin to Hamburg at least, are graded, in BVWP '92, as "positiv zu beurteilen" (to be assessed positively).

3.2 Motorway network

As mentioned above, the ideas behind the EC guidelines correspond almost exactly with the real German autobahn stocks (together with their extensions through the road projects "German Unity"). Furthermore, in these two documents there is no obviously stated need for additional larger new route building (upgrading can be seen in detail in the BVWP).

3.3 Combined Transport Network

One can only directly compare, on the German side of the border, the roughly sketched combined transport (CT) corridors of the EC Commission with the corridors ("transfer of road traffic to railway in high density routes") of the "Transport Model" in the German government's regional planning policy orientation framework. From this comparison it can be seen that the (older) EC standards in Germany are more detailed and far-reaching in the regional sense. Thus, in the EC document, the motorways in the over-burdened "Rheinschiene" (Rhine corridor) of Duisburg - Frankfurt are relieved by two parallel oriented CT-routes (through Siegen as well as Koblenz).

In the EC document, within East Germany, there is the important CT corridor Hamburg - Berlin - Dresden (-Prague), but this does not appear in the German "Transport Model", which only documents the possible transfer of road traffic to the railways but not to water-ways (in this case the Elbe). Obviously, the corridor Nürnberg - Passau (-Linz) in the "Transport Model", suffered from the same sort of consideration, because, in this case, the effort will be made to transfer goods from the motorway to the Main-Donau canal. But it is an open question as to whether inland shipping will really be able to relieve the over-burdened motorways in the way that the railways can. At least in the case of Hamburg - Berlin and Berlin - Dresden this is out of the question. It is therefore necessary, in these cases at least, for the corresponding transfer corridors to be included in the "Transport Model", if only to take into account the traditional relationship of Hamburg with its extensive hinterland.

The realization, on German ground, of the CT networks as described in the EC guidelines, as well as the CT corridors derived from the "Transport Model" would, on the one hand, overload certain railway routes, while on the other hand (in the best case), significantly relieve certain motorways.

If the upgrading of the multimodal transport corridor is in fact carried out along the lines of the EC model, most of the newly built and upgraded routes of the DB/DR, together with some of their parallel routes, would have to carry such an additional burden (therefore the building of these, among others, would be finally justified). It seems questionable however, whether the current standard of development of such routes as Köln - Bingerbrück, Frankfurt - Marburg - Kassel or Berlin - Sassnitz, will be able to cope with the additional demands which the CT would bring. In this case the BVWP may have to be reviewed. Such problems would probably be less severe in extent in the course of the realisation of the "Transport Model" with its relevant standards.

On the other hand, for some motorways the optimistically projected relief can be expected at best, which, judging from current experience, must not be imagined to be dramatic. In the case that the EC concept was realised this would concern all the major German motorway transversals. In comparison the motorways Hamburg - Berlin, Berlin - Dresden, Berlin - Stettin, Dresden - Görlitz (-Breslau) and Nürnberg - Passau would not obtain any relief through CT, if the development was to follow the (rather more definite) standards of the federal government's "Transport Model", unless the envisaged eastward "connections for transit traffic" in this, for which upgrading or new construction is being considered, could obtain grading for CT status.

The spatial effectiveness of CT is not merely linked to the narrow spaces of the transport corridors it fills. The junctions, in particular, i.e. the points of intermodal load handling and their closer vicinity, would offer locational advantages for that part of the economy which was directed towards CT. They could thus determine regional policy accents, which would then need to be reconciled with the planning objectives of individual states and regions. The BVWP '92 contains a list of CT terminals and goods traffic centres (GTC) currently envisaged by German Railways as well as the States (Länder).

With the exception of the CT terminals Singen, "Oberfranken" and Mühldorf, all other junctions of intermodal transport are situated in, or nearby, leading centres (Oberzentren) in a regional planning sense. They thus use the anticipated advantages of such locations (shunting capacity, motorway connections), but could also contribute to an increased attraction for such locations. On the other hand such centres are rarely environmentally neutral. Rather, they are known to be big land consumers (GTC Bremen: 200 ha, GTC Kassel: 80 ha, according to plan). They also contribute to a regional convergence of truck traffic, particularly in urban areas already suffering from a scarcity of space and a high traffic burden. That means that any regional balance sheet on the effects of the much praised CT, can in future still hold unexpected results.

Assuming the expected spatial effects of CT junctions to be positive, it can be seen that after inception of all the junctions, the West and South of Germany would in general have the best access to their attractions, while exactly those traditionally structurally weakest areas like Nordbrandenburg, Vorpommern, Emsland, Oberpfalz and Bayrischer Wald would be at the greatest distance from CT facilities. That means that the location policies of Railways and States to be deduced from the BVWP '92, at least if they were longterm ones regarding the CT sector, would have to be judged to be counter-productive in regional policy terms. The above-mentioned areas, however, have a comparatively low demand for transport services, so that it might seem justifiable to not give them first priority in the establishment of modern CT junctions, at least for the time being. Nevertheless they have been continously neglected from an infrastructural point of view and their possible inclusion into the net of CT service points, should be kept in mind in further planning.

It was possible to discuss the widely drawn subject of European transport corridors here, merely from a few, selected aspects - particularly from a German point of view. The potential role of sea and inland harbours as relief mechanisms in the system of "Trans-European Networks", as well as the technical and organisational aspects of modernisation of the network were not dealt with. These would be some new subjects for a further symposium.

Literatur/Bibliography

Buijs, S.C. & Meijer, M. & Ten Velden, H.E. (1992): Urban networks. Ministry of Housing, Physical Planning and Environment. National Physical Planning Agency. - The Hague.

Bundesministerium für Raumordnung, Bauwesen und Städtebau (BMBau) (1992): Empfehlungen der Bundesrepublik Deutschland zu einem Euro-päischen Raumentwicklungskonzept. 1. Entwurfsskizze. - Bonn (Ms.).

Bundesministerium für Raumordnung, Bauwesen und Städtebau (BMBau) (1993): Raumordnungspolitischer Orientierungsrahmen. Leitbilder für die räumliche Entwicklung der Bundesrepublik Deutschland. - Bonn.

Bundesministerium für Verkehr (Ed.) (1991): Verkehrsprojekte Deutsche Einheit. Beschleunigter Verkehrswegebau.

Bundesverkehrswegeplan 1992 (BVWP '92). Beschluß der Bundesregierung vom 15. Juli 1992.

Commission of the European Communities (1990): Report of the High-Level Group on the Developement of a European High-speed Train Network. - Brussels.

Commission of the European Communities, Directorate-General for Transport (1992): Trans-European Networks: Towards a Master Plan for the Road Network and Road Traffic. - Brüssel. (Motorway Working Group Report VII/308/92-EN.)

Kommission an den Rat und an das Parlament (1990): Auf dem Weg zu einer Europäischen Infrastruktur. Ein gemeinschaftliches Aktionsprogramm. - Brüssel. (KOM (90) 585 endg.)

Kommission der Europäischen Gemeinschaften, Generaldirektion Regionalpolitik (1991): EUROPA 2000. Perspektiven der künftigen Raumordnung der Gemeinschaft. - Brüssel - Luxemburg.

Mitteilung der Kommission (1992): Die künftige Entwicklung der Gemeinsamen Verkehrspolitik. Globalkonzept einer Gemeinschaftsstrategie für eine auf Dauer tragbare Mobilität. - Brüssel (auch "Weißbuch" genannt, hier zit. als: Globalkonzept).

Mitteilung der Kommission (1992): Einrichtung eines Europäischen Kombinierten Verkehrsnetzes und dessen Betriebsbedingungen. - Brüssel. (KOM (92) 230 endg.)

Mitteilung der Kommission (1992): Grünbuch zu den Auswirkungen des Verkehrs auf die Umwelt. Eine Gemeinschaftsstrategie für eine "dauerhafte umweltgerechte Mobilität". - Brüssel. (KOM (92) 46 endg.)

Reh, W. (1993): Die Verkehrspolitik der Europäischen Gemeinschaft. Chance oder Risiko für eine umweltgerechte Mobilität? - Das Parlament. Beilage "Aus Politik und Zeitgeschichte" Nr. 5.

Urban networks in Europe. Third meeting of the Ministers of the EC Member States responsible for Physical Planning and Regional Policy 18-19 november 1991. Contribution of the Dutch Minister of Housing, Physical Planning and the Environment (The Hague).

Möglichkeiten eines horizontalen Finanzausgleichs zwischen den Mitgliedsstaaten der Europäischen Gemeinschaft

Rolf-Dieter Postlep

1. Problemstellung

In diesem Beitrag wird untersucht, ob und wie ein horizontales Umverteilungssystem von Finanzmitteln zwischen den Mitgliedsstaaten der Europäischen Gemeinschaft (EG) eingerichtet werden könnte. Dazu wird zunächst kurz der Handlungsbedarf im Bereich horizontaler Umverteilung in der EG erläutert. Nach einer Darstellung der grundsätzlichen Möglichkeiten eines horizontal wirksamen Finanzausgleichs in einer mehrstufigen Organisation wie der EG erfolgt eine Konzentration auf den Typ eines horizontalen Ausgleichssytems, wie es in der Bundesrepublik Deutschland mit dem horizontalen Länderfinanzausgleich (LFA) als Transfermechanismus zwischen den Bundesländern existiert. Eine Bewertung des Stellenwerts, den der LFA im Rahmen des föderativen Systems der Bundesrepublik Deutschland aufweist, leitet dann über zur Frage, ob ein solches System gegenwärtig auf der Ebene der EG sinnvoll erscheint bzw. welche Voraussetzungen hier gegeben sein müßten, damit ein solches System eingeführt werden könnte.

2. Wachsender horizontaler Umverteilungsbedarf aufgrund der Binnenmarkteffekte in der EG

Der EG-Binnenmarkt ab dem 1.1.1993 wird die in der EG zwischen Mitgliedsstaaten und Regionen bestehenden Unterschiede im Inlandsprodukt je Einwohner oder in anderen Maßgrößen für die Wirtschaftskraft zumindest temporär verstärken. Die wirtschaftsschwachen Länder und Regionen werden ihre Kostenvorteile so bald nicht nutzen können, um den Abstand zu den wirtschaftsstarken Ländern und Regionen zu verringern: Andere Standortfaktoren wie die materielle Infrastruktur oder das Humanvermögen sprechen nach wie vor für die wirtschaftsstarken Räume. Die regional unterschiedlichen ökonomischen Wirkungen des EG-Binnenmarkts entfalten sich dabei in erster Linie über die regionale Branchenstruktur, da der Binnenmarkt vor allem branchenspezifische Vor- und Nachteile bringt.[1]

Diese regionalen und länderweisen Disparitäten werden sich noch verstärken, wenn einerseits wirtschaftsstarke Länder wie die skandinavischen, andererseits wirtschaftsschwache Länder wie die des ehemaligen Ostblocks hinzutreten werden.[2]

Daher ist es dringlicher als bisher, mittel- bis langfristige Vorstellungen darüber zu entwickeln, wie diese zwischen Regionen und Ländern in der EG bestehenden Unterschiede behandelt werden sollen. Generell sind die Mitgliedsstaaten der EG gehalten, alle Parameter der Wirtschaftspolitik so einzusetzen, daß sich ihre wirtschaftliche Entwicklung nach Maßgabe von Art. 2 und 3a EG-Vertrag annähert, um so den Integrationsprozeß zu fördern. Mit dem Inkrafttreten der Einheitlichen Europäischen Akte (EEA) 1987 wurde das Ziel einer "Kohäsion" im EG-Vertrag verankert. In Art. 130a des Vertrages heißt es seitdem, daß die Gemeinschaft eine Politik zur Stärkung des wirtschaftlichen und sozialen Zusammenhalts verfolgt, die insbesondere zum Ziel hat, die Unterschiede im Entwicklungsstand der verschiedenen Regionen zu verringern.

Diese Forderungen nach einer stärkeren Angleichung gelten um so mehr, wenn im Sinne der Verträge von Maastricht auf eine "politische Union" (im Extrem: auf einen föderativen Staat) hingewirkt werden soll, da nur bei größerer Angleichung der Zusammenhalt in einer gemeinsamen" Union" und soziale Stabilität gewährleistet sind.

So ist im übrigen auch die staatsrechtliche Sicht des Föderalismus zu interpretieren, wenn im Rahmen der "bündischen Solidarität" neben der Bundestreue auch eine Verantwortung der Länder füreinander und eine "solidargemeinschaftliche Annäherung" (KIRCHHOF 1982: 5) gefordert wird[3]. Schließlich kann eine solche Angleichung in ökonomischer Sicht zu einer Annäherung der Startchancen im internationalen Wettbewerb führen und so - fruchtbringend - die Wettbewerbsintensität auf dem europäischen Binnenmarkt und den Weltmärkten intensivieren. Allerdings ist hier für das Ausmaß der räumlichen Umverteilung der Zielkonflikt zwischen Wachstum und Umverteilung zu beachten, auf den abschließend noch einmal kurz eingegangen wird.

Für die weiteren Überlegungen wird unter dem Stichwort Angleichung allein auf den Vergleich zwischen den Mitgliedsstaaten abgestellt, weil mit dem horizontalen Finanzausgleich ein Korrekturmechanismus erörtert wird, der sich auf Gebietskörperschaften mit eigener demokratischer Willensbildung bezieht[4]. Dieses Vorgehen verkennt nicht, daß Hauptgegenstand der Diskussion heute nicht die unterschiedliche Lage des Mitgliedslandes als Ganzem ist, sondern der Unterschied zwischen den Regionen quer über alle Mitgliedsländer. Damit rückt dann eine Regionalpolitik in den Mittelpunkt des Interesses, die auf die Induzierung selbsttragenden Wachstums in den wirtschaftsschwachen Regionen ausgerichtet ist. Ein Transfersystem zwischen den Mitgliedsstaaten würde dagegen allgemein auf Stärkung der Finanzierungsmöglichkeiten der benachteiligten Mitgliedsstaaten zielen, woraus sich dann natürlich auch Wachstumsimpulse in den Empfängerstaaten ergeben können und sollen, aber eine eher konsumtive Verausgabung durchaus auch vereinbar ist[5]. Man kann vermuten, daß die Ebene der Staaten und die Angleichung großräumiger Finanzkraftunterschiede zwischen diesen mit dem Prozeß eines Hineinwachsens in eine politische Union stärker ins Blickfeld rücken werden.

3. Mögliche horizontal wirksame Finanzausgleichsmechanismen

In der Finanzwissenschaft wird unter Finanzausgleich die Zuordnung der Aufgaben, Ausgaben und Einnahmen auf die Gebietskörperschaften in einem föderativen Gemeinwesen verstanden. In diesem Beitrag wird dagegen unter dem Stichwort Finanzausgleich nur auf die Verteilung der Einnahmen Bezug genommen.

In einer mehrstufigen staatlichen Organisation gibt es systematisch zwei Ansatzpunkte, um auf die Finanzierungsmöglichkeiten der Gebietskörperschaften auf einer dezentralen Ebene, also im horizontalen Vergleich, Einfluß zu nehmen:

(1) Vertikale Finanzregelungen mit horizontalem Effekt

Dabei sind wiederum drei Varianten zu unterscheiden:
- Die vertikale Verteilung der Kompetenzen über Steuern sowie horizontale Verteilungsmodi; je nachdem, welche Steuern den dezentralen Ebenen von der Gesetzgebungs- und/oder Ertragshoheit her zugewiesen werden (z.B. in der BRD Gewerbesteuer vs. Wertschöpfungsteuer auf kommunaler Ebene), können unterschiedliche horizontale Streuungen des Aufkommens resultieren. Dies gilt natürlich unmittelbar bei Festlegung horizontaler Verteilungsrelationen, wie dies etwa für die Verteilung des Länderanteils an der Umsatzsteuer gegeben ist.
- Diese Probleme stehen in der Europäischen Gemeinschaft dann zur Diskussion, wenn die Ausstattung mit "Eigenmitteln" verändert werden soll.
- Bei gegebener originärer Steuerverteilung (bzw. auf EG-Ebene gegebener Ausstattung mit "Eigenmitteln") können horizontale Effekte dadurch auftreten, daß die ergänzenden Finanzströme, die von der dezentralen Ebene an die zentrale Ebene fließen, je Einwohner oder bezogen auf andere Orientierungsgrößen unterschiedlich hoch sind. Dieser Bereich der Zahlungen von "unten" nach "oben" nimmt heute in der EG einen kaum merklichen Umfang ein. Er ist etwa dann von Interesse, wenn einzelstaatliche Beiträge zu ergänzenden Forschungsprogrammen der Gemeinschaft geleistet werden.
- Unterschiedliche Begünstigung durch Finanzströme von "oben" nach "unten", also etwa Zahlungen der EG an ihre Mitgliedstaaten im Rahmen der verschiedenen Fonds. Solche regionalen Wirkungen können zum einen indirekt herbeigeführt werden, beispielsweise als räumliches Ergebnis der Agraroder der Verkehrspolitik. Zum anderen können die regionalen Effekte direkt

der Anlaß für Zahlungen sein, wie dies in der EG für die Strukturfonds und den spätestens 1994 in Kraft tretenden Kohäsionsfonds gilt.

Insgesamt steht dieser Komplex vertikaler Finanzbeziehungen mit horizontalen Effekten im Vordergrund, wenn in den sog. "Zahlmeistertheorien" die Nettoposition der einzelnen Mitgliedsstaaten bestimmt wird (vgl. HENKE 1981: 11ff.).

(2) Horizontale Finanzströme auf einer dezentralen Ebene

Ein solches Ausgleichssystem direkter Zahlungen einer Gebietskörperschaft an eine andere der gleichen Ebene existiert in der EG noch nicht. Es könnte sich aber auf der Ebene der Mitgliedstaaten als geeignet empfehlen, wenn es in Zukunft darum geht, die großräumigen wirtschaftlichen Unterschiede tendenziell zu beseitigen und allgemein politische Integrationsvoraussetzungen zu schaffen. Die weiteren Überlegungen konzentrieren sich allein auf diesen Aspekt eines horizontalen Ausgleichssystems und bewegen sich damit etwas außerhalb der aktuellen politischen Diskussion. Als Referenzsystem für einen solchen horizontalen Ausgleich im engeren Sinne bietet sich der LFA der Bundesrepublik Deutschland (BRD) an. Die BRD ist nämlich das einzige Mitgliedsland in der EG, daß eine starke mittlere Ebene mit vergleichsweise hohem Verfassungsrang aufweist.

4. Strukturmerkmale des Länderfinanzausgleichs in der BRD

Faßt man den LFA zunächst weit, so besteht er aus vier Bestandteilen:

1. Bestimmung des Umsatzsteueranteils der Länder und dessen Verteilung auf die einzelnen Bundesländer,
2. Horizontaler Ausgleich durch Zahlungen unter den Ländern,
3. Verteilung der Bundesergänzungszuweisungen auf die einzelnen Länder
4. Zahlungen des Bundes an die Bundesländer etwa im Rahmen der Mischfinanzierungen der Artikel 91a und 91b GG (Gemeinschaftsaufgaben) oder von Investitionshilfen (Art. 104a Abs.4 GG).

Von den vorgenannten Stufen stellt nur die Stufe 2 einen horizontalen Finanzausgleich i.e.S. dar. Dieser horizontale Finanzausgleich basiert wiederum auf drei Schritten:

1. Bestimmung der Finanzkraft für jedes einzelne Bundesland; hierzu werden die Summe der Steuereinnahmen der Länder (zuzüglich Förderabgabe)[6] und im Durchschnitt 50% der normierten Gemeindeeinnahmen aus Realsteuern (abzüglich Gewerbesteuerumlage) und dem Gemeindeanteil an der Einkommensteuer zur Finanzkraftmeßzahl addiert[7]. Zudem werden die Hafenlasten

von Hamburg, Bremen und Niedersachsen als Absolutbeträge von der Finanzkraftmeßzahl abgezogen. Dies ist eigentlich unsystematisch, weil hier Finanzkraft- und Finanzbedarfselemente vermischt werden.

2. Ermittlung des Finanzbedarfs für jedes einzelne Bundesland, getrennt nach spezifischem Finanzbedarf des Landes selbst und seiner Gemeinden; zu diesem Zweck wird jeweils für die Länder und für ihre Gemeinden eine Einwohnerwertung vorgenommen ("Veredelung" nach der Einwohnerzahl),[9] und die gewertete Einwohnerzahl wird jeweils mit einem einheitlichen DM-Betrag[10] zur Ausgleichsmeßzahl als Ausdruck des Finanzbedarfs multipliziert. Damit bildet der Finanzbedarf allein die Relationen in der Einwohnerwertung ab, und es findet keine Berücksichtigung von spezifischen Bedarfsgrößen statt.

3. Festlegung des Ausgleichsmaßes; wird von der Finanzkraftmeßzahl die Ausgleichsmeßzahl abgezogen, so ergibt sich entweder ein Überschuß oder ein Fehlbetrag oder es gleicht sich gerade aus. Es ist nun zu bestimmen, wieviel den ausgleichsberechtigten Ländern zufließen soll und wieviel die ausgleichspflichtigen Länder bezahlen sollen. Dadurch ist dann das Ausgleichsmaß definiert. Es sollte keineswegs 100% betragen, weil dann kein Anreiz zur Verbesserung der eigenen ökonomischen Situation besteht. Schwächere Kriterien sind die Rangfolgeneutralität und die sog."Monotonie-Eigenschaft". Rangfolgenneutralität liegt dann vor, wenn durch den Finanzausgleich die Rangfolge in der Finanzkraft zwischen den Bundesländern nicht verändert wird. Als "Monotonie-Eigenschaft" wird bezeichnet, daß zusätzliche Steuereinnahmen eines Landes höchstens dazu führen dürfen, daß sich seine Beiträge bzw. seine Zuweisungen im LFA in gleicher Höhe verändern (vgl. BUHL & PFINGSTEN 1986: 102).

5. Stellenwert des Länderfinanzausgleichs i.e.S. im Finanzsystem der BRD

Eine föderative Bewertung des LFA i.e.S. ist in drei Punkten zusammenzufassen:

1. Wenn man die Volumina der ordentlichen Haushalte der alten Bundesländer und des Bundes betrachtet (1991 ca. 280 Mrd.DM bzw. 420 Mrd. DM), wird deutlich, daß der LFA mit seinen knapp 4 Mrd.DM im Jahre 1991 nur einen Spitzenausgleich darstellt. Eine Beschränkung auf diesen Spitzenausgleich erscheint aus folgenden Gründen als ausreichend:

   • Die wirtschaftliche Ausgangssituation zwischen den einzelnen Bundesländern war nach Gründung der BRD nicht so unterschiedlich, wenngleich man sich den Zuschnitt der Bundesländer unter regionalen Verteilungskriterien auch anders hätte vorstellen können. In den Folgejahren hat weder eine anhaltende Konvergenz noch eine Divergenz in der ökonomischen Position der Länder stattgefunden (vgl. ESSER 1992: 48ff.). Dazu haben neben dem LFA die regional bezogenen Politiken des Bundes

(und der Länder) insbesondere über die Gemeinschaftsaufgabe zur Verbesserung der regionalen Wirtschaftsstruktur und die Investitionszulagen
beigetragen.

- Dem LFA ist der in Art. 107 Abs.1 Satz 4 GG festgeschriebene Umsatzsteuervorabausgleich vorgeschaltet,[11] der eine spürbare horizontale Aus-
gleichswirkung aufweist (von den etwa 60 Mrd. DM Umsatzsteuerauf-
kommen aller Bundesländer 1991 dienten ca. 15 Mrd.DM unmittelbar
zum horizontalen Ausgleich).[12]
- Dem LFA i.e.S. sind die Bundesergänzungszuweisungen (BEZ) nachge-
schaltet, die nach einem festen Verteilungsschlüssel zum Ausgleich von
nach dem LFA verbleibenden Finanzkraftdifferenzen und zur Abgeltung
von Sonderlasten ("Kosten der politischen Führung" der kleinen ausgleichsberechtigten Länder, Haushaltsnotlagen des Saarlandes und Bre-
mens) auf die leistungsschwachen Länder aufgeteilt werden.[13]

Aufgrund dieser zusätzlichen ausgleichsrelevanten vertikalen Regelungen
wurde der LFA i.e.S. bislang von allen Bundesländern als im Prinzip befrie-
digend angesehen. Anders ausgedrückt: Das Solidargefühl unter den Ländern
wurde nicht besonders herausgefordert, da der Bund in hinreichendem Umfang ausgleichend wirkte.[14] Im Gegenteil wurde eher die Gefahr der effizienz-
mindernden Übernivellierung angemahnt.[15]

2. Eine Überforderung des Solidargefühls zwischen den Ländern wurde in der
jüngeren Vergangenheit deutlich, als es um die Einbeziehung der neuen
Bundesländer in den Länderfinanzausgleich ging. Zwar bedeutet ein stärkeres
finanzielles Engagement der westdeutschen Bundesländer für die Finanzierung der ostdeutschen Gebietskörperschaften immer gleichzeitig auch eine
Entlastung für den Bund, und insofern spielen hier auch vertikale Verteilungs-
konflikte zwischen Bund und Ländern eine Rolle. Trotzdem erscheinen angesichts der krisenhaften Zuspitzung im Bundeshaushalt horizontale Vertei-
lungskonflikte zwischen den alten und den neuen Bundesländern durchaus
von erheblichem Erklärungsgehalt für das strategische Verhalten der alten
Bundesländer zu sein.

Nachdem der Versuch der westdeutschen Bundesländer, die direkte finanzielle Verantwortung für Ostdeutschland auf die Mitwirkung im Fonds Deutsche
Einheit und direkte Verwaltungshilfe zu beschränken, nicht durchzuhalten
war, wurde der Einbeziehung der neuen Bundesländer in die Umsatzsteuer-
verteilung nach der Einwohnerzahl zugestimmt.[16] Die volle Einbeziehung der
neuen Bundesländer in den (leicht geänderten) LFA ab 1995 wurde im Föderalen Konsolidisierungsprogramm nach langen Verhandlungen sozusagen
erkauft mit einem höheren Anteil der Länder an der Umsatzsteuer (geltendes
Recht Bund: 63%, Länder: 37%; ab 1995 Aufstockung des Länderanteils auf
44%) und mit deutlich aufgestockten Bundesergänzungszuweisungen (zusätzlich: Sonderbedarfe neue Bundesländer, Übergangs-BEZ an finanz-

schwache alte Bundesländer).[17] Unter dem geltenden Recht hätte sich das Volumen des LFA i.e.S. knapp verzehnfacht (von aktuell fast 4 Mrd. DM auf gut 30 Mrd.DM). Vor allem durch die Wirkung des Umsatzsteuervorabausgleichs wird sich nunmehr das Transfervolumen im LFA deutlich verringern.

3. Im Kern gilt wohl die alte Regel aus der ökonomischen Theorie des Föderalismus, nach der horizontale Ausgleichsvorgänge überwiegend über die höhere Ebene initiiert werden müssen (vgl. auch ZIMMERMANN 1992: 38f.). Wenn die Ausgleichskompetenz der betroffenen Ebene selbst zugesprochen wird, fällt das Ausgleichsmaß geringer aus (vgl. ausführlich: POSTLEP 1993, 4. Kap., Abschnitt C). Dies gilt in jedem Fall bei Vetorechten, wie sie in der EG existieren. Dies gilt aber auch bei anderen politischen Entscheidungsregeln im Rahmen der horizontalen Einigungsprozesse, weil jedes Land primär nur seinen eigenen Nutzen abwägt und nicht hinreichend die externen Effekte berücksichtigt, die von einem befriedigenden Ausgleichsmaß auf die soziale Stabilität des gesamten Gemeinwesens ausgehen. Eine Umverteilung von reichen zu armen Mitgliedsländern wird umso wahrscheinlicher, je größer einerseits die Gruppe der armen Länder ist und je homogener sie andererseits in dem Sinne ist, daß sie nicht in Teilgruppen zerfällt, von denen einige abgeworben werden können. Hier spielen dann sog. "Bargaining-Prozesse" eine Rolle, wie man sie z.B. erleben konnte, als die Zustimmung der wirtschaftsschwachen Mitgliedsländer der EG zur EEA mit einer realen Verdoppelung der Strukturfonds und zu den Verträgen von Maastricht mit der Einrichtung des Kohäsionsfonds erkauft wurde.

6. Beurteilung eines horizontalen Finanzausgleichsmodells auf EG-Ebene

Die Antwort auf die Frage, ob ein dem LFA vergleichbarer horizontaler Transfermechanismus eingerichtet werden sollte, kann in fünf Punkten zusammengefaßt werden:

1. Die EG ist in ihrem heutigen Status im Sinne der Föderalismustheorie noch nicht als "zentrale Ebene" in einem föderativen Staatsgebilde zu bezeichnen. Vielmehr würde man hier von einer supranationalen Ebene sprechen, womit verdeutlicht werden soll, daß horizontale Verhandlungslösungen unter den Mitgliedsstaaten (im Ministerrat) die Entscheidungsergebnisse dominieren. Bei stark ungleicher ökonomischer Ausgangsverteilung sind dabei die Mitgliedsstaaten in zentralen Fragen mit einem Vetorecht ausgestattet bzw. es gilt die Einstimmigkeitsregel.[18] Dieses Bild einer doch vergleichsweise schwachen EG-Entscheidungsebene wird abgerundet durch den Tatbestand, daß das Haushaltsvolumen der EG nur etwa 1% des Bruttosozialprodukts der EG ausmacht. Zum Vergleich: Der Bundeshaushalt weist immerhin einen Anteilswert von deutlich über 10% des bundesrepublikanischen BSP aus.

Angesichts dieses Integrationsstandes sind die Möglichkeiten, in Verantwortung vor dem Europäischen Parlament als gemeinschaftlichem Legislativorgan horizontale Umverteilungspolitik auf der Ebene der Mitgliedsstaaten auch nur ansatzweise durchzusetzen,[19] noch gering. Entsprechend ist auch das horizontale Solidaritätsgefühl zwischen den Mitgliedsstaaten relativ schwach ausgeprägt, zumal die endgültige Gestalt der politischen Union auch nach den Verträgen von Maastricht noch keine klaren Konturen aufweist. Mithin hat das horizontale Umverteilungsziel zwischen den Mitgliedsländern einen relativ geringen Stellenwert, wenngleich eine Konvergenz eigentlich Voraussetzung für eine poltische Union ist.

2. Man kann also beim Vergleich der EG mit der Situation der BRD insbesondere folgendes feststellen:

   - In der BRD war trotz eines hohen föderalen Gehalts des gesamten Staatsaufbaus und trotz vergleichsweise großem Solidargefühl unter den Ländern nur ein horizontaler Spitzenausgleich möglich, und dies mit wiederholten Streitigkeiten vor dem Bundesverfassungsgericht Eine ernste Probe zeichnet sich durch Einbeziehung der neuen Bundesländer ab.[20]

   - In der EG findet faktisch über die gesamte EG-Tätigkeit und ihre Finanzierung eine horizontale Umverteilung statt (wie in den Zahlmeistertheorien zum Ausdruck gebracht wird), nur ist diese überlagert durch die Fachaufgaben, die die EG in den einzelnen Fonds wahrnimmt. Die Umverteilung ist damit nicht das Hauptziel der Tätigkeit (Ausnahme vor allem: der Kohäsionsfonds[21]), und sie wird auch nicht so deutlich und fordert damit Solidarität heraus.

   Das ist bei einem horizontalen Umverteilungssystem anders, was schon an den zu lösenden Fragen deutlich wird: Wie soll man den Finanzbedarf ermitteln? Gegen die Einwohnerzahl würden die wenig verdichteten Flächenländer protestieren. Ungewichtete Einwohnerzahlen würden von den relativ gleichmäßig besiedelten Ländern bevorzugt werden. Eine Vielzahl von Sonderbedarfen würde angemeldet werden, so z.B. Insellage, Randlage usw. Wie soll die Steuerkraft ermittelt werden? Nimmt man die Isteinnahmen, so kann ein Land seine Finanzkraftsituation durch Satzsenkungen selbst beeinflussen. Eine Normierung steuerpolitischer Handlungsspielräume ist kaum möglich angesichts unterschiedlicher Steuersysteme in den verschiedenen Mitgliedsstaaten.

3. Aus diesen Überlegungen folgt, daß ein horizontaler Finanzausgleich mit ungebundenen horizontalen Transferzahlungen tendenziell am Ende eines Integrationsprozesses plaziert ist und eine Annäherung der ökonomischen Ausgangslagen und der staatlichen Aktionsparameter, insbesondere im Bereich der Besteuerung, voraussetzt. Eine solche Annäherung ist offensichtlich in erster Linie durch zentrale Politik zu erreichen und politisch durchzusetzen. Politische Akzeptanz scheint zunächst hauptsächlich über regionale Effekte

von Fachpolitiken erzielbar zu sein und erst später über gezielte zentralstaatliche Regionalpolitik. Dabei wäre gesondert die Frage zu prüfen, ob eine Regionalförderung mit regionalen Mitspracherechten eher angenommen wird als eine Regionalförderung mit zentralen Verwendungsvorgaben. Für erstere Variante spricht die regionale Problemnähe mit allen Konsequenzen, für letztere die geringeren Konsensfindungskosten und die Möglichkeit, räumlich externe Effekte leichter internalisieren zu können (vgl. JUNKERNHEINRICH 1985: 576ff.).

4. Durch die in der Diskussion befindlichen Erweiterungen in den Mitgliedsstaaten der EG wird ein horizontaler Finanzausgleich unwahrscheinlicher. Einerseits nehmen die regionalen Disparitäten zu, andererseits wachsen die Kosten einer Einigung bei einer größeren Mitgliederzahl.

5. In der Tendenz verschlechtern sich die Voraussetzungen für die Einführung eines horizontalen Finanzausgleichs auch dadurch, daß wirtschaftsstarke Länder Eigenförderung ihrer wirtschaftsschwächeren Teilregionen betreiben (wollen). Zwar werden hier von dem betroffenen Mitgliedsland im Rahmen einer nationalen Regionalpolitik Mittel zur Umverteilung aufgebracht. Insofern besteht rechnerisch kein Unterschied zur nationalen Finanzierung der EG-Strukturfonds oder des Kohäsionsfonds. Nur ist es offensichtlich zweierlei, ob durch die nationale Steuerbelastung Teilregionen in anderen Mitgliedsstaaten der EG oder im eigenen Lande gefördert werden. Dies könnte man auch in die Frage übersetzen, ob es dem Kumpel im Ruhrgebiet leichter fällt, geshalb auf einen Teil seiner Subventionen zu verzichten, weil es dem Bauern in Portugal noch schlechter geht als ihm (vgl. ZIMMERMANN 1986: 97). Grundsätzlich ist in diesem Zusammenhang aber der bekannte Konflikt zwischen Wachstums- und Verteilungsziel zu beachten. In diesem Sinne ist die EG nicht nur binnenwirtschaftlich, sondern auch in ihrer weltwirtschaftlichen Einbindung zu sehen. Sicherlich muß selbst eine erweiterte EG mit entsprechend größerem Binnenmarkt alle Möglichkeiten der internen Wachstumsstärkung akzeptieren (oder darf sie zumindest nicht bremsen), wenn die EG gegenüber Wirtschaftsblöcken wie Japan und Fernost oder Nordamerika nicht ins Hintertreffen geraten will.[22]

Anmerkungen

1 Zu den regionalen Effekten und ihren Konsequenzen für die regionale Finanzstruktur vgl. ausführlich MÜLLER, W.: Die Auswirkungen des Europäischen Binnenmarktes auf die regionale Finanzstruktur, Eine Untersuchung unter der Leitung von H. Zimmermann im Auftrag der Akademie für Raumforschung und Landsplanung, Hannover. Erscheint demnächst in den Schriften der Akademie. Eine Kurzfassung findet sich bei ZIMMERMANN & MÜLLER 1992: 211ff.

2 Daß eine solche Erweiterung zur Stabilisierung und Befriedung Europas unabdingbar ist, wird sowohl aus wirtschaftlicher als auch aus politischer Sicht für eindeutig gehalten; vgl. etwa STARBATTY 1991.

3 Zu den staatsrechtlichen Prinzipien des Föderalismus vgl. als Abriß ESSER (1992: 8ff.)

4 Ein solcher Ansatz wird ebenfalls andiskutiert bei ZIMMERMANN 1991: 9ff.

5 Diese Gegenüberstellung von Regionen und Mitgliedsstaaten als Bezugsgrößen von Förder-/Ausgleichspolitik ist zu relativ, soweit ein Mitgliedsland als ganzes einer bestimmten Regionskategorie zuzuordnen ist. Dies trifft beispielsweise, soweit unterentwickelte Regionen nach dem sythetischen Index der EG definiert werden, für Spanien, Portugal und Griechenland zu. Alle anderen Mitgliedsländer haben nach diesem Index zumindest zwei Typen von Regionen aufzuweisen.

6 Eine Normierung der Steuereinnahmen der Länder ist, anders als bei den Realsteuern im kommunalen Sektor, deshalb nicht notwendig, weil sie nur rudimentäre Kompetenzen in der Gesetzgebung aufweisen. Zur kritischen Bewertung und zu Reformvorschlägen, vgl. HENDLER 1993: 292ff. Trotzdem sind die Länder durch i.d.R. wirtschaftspolitische.motivierte Steuererlasse und Steuerstundungen in der Lage, ihre Steuereinnahmen zu reduzieren und sich diese Maßnahmen zumindest größtenteils über den LFA refinanzieren zu lassen.

7 Rechtlich leitet sich eine Berücksichtigung der Gemeindesteuern im Länderfinanzausgleich von Art. 107, Abs. 2 GG ab, in dem es heißt: "Durch das Gesetz ist sicherzustellen, daß die unterschiedliche Finanzkraft der Länder angemessen ausgeglichen wird; hierbei sind die Finanzkraft und der Finanzbedarf der Gemeinden (Gemeindeverbände) zu berücksichtigen". Je nachdem, in welchem Umfang die Gemeindefinanzen berücksichtigt werden, stellen sich unterschiedliche Be- und Entlastungspositionen dr Bundesländer ein; ausführlich WAGENFÜHRER 1991: 193ff.

8 Damit ist hier nur Problem des bestehenden LFA angesprochen. Ein Überblick über die grundsätzlichen Reformbedürfnisse findet sich bei: Wissenschaftlicher Beirat beim Bundesministerium der Finanzen, Gutachten zum Länderfinanzausgleich in der Bundesrepublik Deutschland, Bonn 1992.

9 Konkret wird bei der Bestimmung des spezifischen Länderbedarfs, der dann den Steuereinnahmen der Länder gegenübergestellt wird, nur die Einwohnerzahl der Stadtstaaten mit 135% multipliziert; dagegen kommt bei der Bestimmung des Gemeindefinanzbedarfs, der dann zum Ausgleich der Gemeindesteuern dient, eine Einwohnerstaffelung nach der Größe zur Anwendung.

10 Dieser DM-Betrag ergibt sich für den spezifischen Finanzbedarf des Landes durch Division der Summe der Finanzkraftmeßzahlen über alle Länder und der Summe der (für die Stadtstaaten modifizierten) Einwohner über alle Länder. Analog wird ein Pro-Kopf DM-Betrag zur Errechnung der Ausgleichsmeßzahl für den Finanzbedarf der Gemeinden eines Landes ermittelt.

11 Zum Verhältnis von Umsatzsteuervorabauffüllung und eigentlichem Länderfinanzausgleich vgl. ESSER 1992: 62ff.

12 Im Rahmen der Verteilung des Umsatzsteueranteils der Länder werden 75% dieses Anteils nach der Einwohnerzahl verteilt. Bis zu 25% dieses Anteils dienen dazu, an die finanzschwachen Länder Ergänzungsanteile zu leisten.

13 Die Gesamthöhe der BEZ ist auf 2% des Umsatzsteueraufkommens festgelegt und dadurch dynamisiert worden. Dies erweist sich zunehmend als problematisch, sobald die Gesamthöhe der BEZ die für die zusätzliche Angleichung und den Sonderlastenausgleich notwendigen Mittel übersteigt. Werden die Mittel dennoch vergeben, so führt dies zur verfassungswidrigen Übernivellierung. Letzlich führt der gesamte Länderfinanzausgleich i.w.S. ohne Berücksichtigung der Mischfinanzierungen usw. zu einem Ausgleichsniveau von mindestens 99,3% bei den ausgleichsberechtigten Ländern, während die ausgleichspflichtigen Länder i.d.R. unter 105% der Ausgleichsmeßzahl gedrückt werden.

14 Trotz dieser generellen Aussage ist es immer wieder zu Auseinandersetzungen zwischen den Ländern in Form von Normenkontrollanträgen gekommen, so beispielsweise bei der Frage der Einbeziehung der Ölförderabgabe in die Definition der Finanzkraft; vgl. ausführlich PEFFE-KOVEN 1987: 181ff., 1992: 349ff.

15 Siehe dazu Fußnote 13.

16 Eine indirekte Belastung der westdeutschen Bundesländer ist zusätzlich durch Umschichtungen von Bundesmitteln (Wegfall der Strukturhilfe, Umschichtungen bei Gemeinschaftsaufgaben, Kürzungen der Städtebauförderung) gegeben. Insgesamt ist von einer jährlichen Bruttobelastung von etwa 20 Mrd.DM auszugehen; vgl. FÄRBER 1993: 305.

17 Von "Erkaufen" kann man hier insofern sprechen, als die Änderung des Länderfinanzausgleichsgesetzes von der Zustimmung der Länder im Bundesrat abhängig ist und hier die westdeutschen Länder jenseits parteipolitischer Zugehörigkeiten weitgehend Einigkeit zeigten.

18 Dies erweist sich in der Praxis der EG immer wieder als Hebel, um nationale Interessen abzusichern, so in jüngster Zeit beim Ringen um eine gemeinschaftliche Verkehrskonzeption.

19 Demgegenüber sind die Möglichkeiten des Europäischen Parlaments zur Beeinflussung der EG-Regionalpolitik verbessert worden, vor allem durch ein Vetorecht bei Änderungen der Strukturfonds.

20 FÄRBER (1993: 306) erklärt die defensive Position der westdeutschen Bundesländer in den Verhandlungen zum föderalen Konsolidierungsprogramm aus einem angeblich zuvor existierenden finanziellen Ungleichgewicht zu Lasten der Länder. Hier hängt es allerdings sehr vom methodischen Konzept ab, zu welchem Belastungssaldo man kommt; vgl. hierzu POSTLEP 1992: 37ff.

21 Eine ausführliche Auseinandersetzung mit dem Kohäsionsfonds findet sich bei DIEKMANN & BREIER 1993: 258ff.

22 Schon die Einrichtung des EG-Binnenmarktes kann man als Antwort auf die verschärfte weltwirtschaftliche Konkurrenzsituation werten; vgl. BERG (1988).

Possibilities of a Horizontal Redistribution of Income between the Member States of the European Community (EC)

Rolf-Dieter Postlep

1. Introduction

The purpose of this article is to discuss whether a system for the horizontal redistribution of income could be established between the member states of the EC and how it may operate. But, first of all, it is worthwhile to explain why the establishment of such a system in the EC is a necessity. Following a brief description of basic possibilities for an effective redistribution of income in an intergovernmental organisation like the EC, the example of a horizontal redistribution of income system, which exists in the FRG between the Länder is discussed as a model of transfer. The important role of the intergovernmental redistribution system in Germany prompts the question whether such a system is relevant for the EC and what conditions are required to install such a system.

2. The growing need to redistribute income horizontally resulting from the effects of the European Common Market

The Common Market (C.M.), installed on January 1, 1993 will temporarily increase the already existing discrepancies between the member states and the regions of the EC, not only with regard to the GDP per capita. The countries and regions characterized by economic weakness will not be able to use their cost advantages in the near future to catch up with the economically strong countries: Location factors such as material infrastructure or human capital are still the advantages of the wealthy countries. The different regional impacts of the C.M. mainly arise from differences in regional industrial structure and the variable positive and negative impact of the C.M. on specific industries.[1]

These disparities will further increase if economically strong countries such as those of Scandinavia on the one hand and economically weak countries such as those of Eastern Europe, on the other, join the EC.[2]

For this reason it is urgently needed to develop medium- and long-term concepts of how to deal with the disparities existing between regions and countries within the EC. In order to support the process of integration the member countries are generally required to organize their economic policy to ensure that their economic development is in accordance with the EC-Treaty, article 2a and 3. The "EEA", which took effect in 1987, established the aim of a "cohesion" in the EC-treaty. Article 130a states that the community is to pursue a policy to

94

strengthen economic and social solidarity. This policy is supposed to lead to a reduction of the various discrepancies in the development of different regions. These demands for more equality between the member countries are particularly relevant with regard to the "Maastricht Treaty" and its intended "political union" (or "Federal state" to put the stronger interpretation), as solidarity in a common "union" and social stability is only guaranteed with more economic equity.

Incidently this type of federalism has to be exactly interpreted from the legal point of view if, within the framework of "Federal solidarity", common responsibility (Bundestreue) of the states and a "unified approach" (KIRCHHOF 1982: 5) is required.[3]

Finally, such an adjustment can lead to an approach of equal starting conditions in international competition and through that -fruitfully- increase the competition in the common and world market. However the conflict of aims between growth and redistribution has to be considered when determining the extent of regional redistribution. This will be discussed briefly at the end of this article. In the following discussion the use of the keyword "equity" will strictly refer to a comparison between the member countries, because the horizontal redistribution of income is compensatory, operating at the level of a regional cooperation of individual governments with their own democratic decision-making process.[4]

This standpoint does not ignore the importance of regional differences for any discussion of the differences in the economic position of the member countries. Thus a regional policy becomes the focus of attention when self-sustained growth of the economically weak regions is the aim. However, a transfer system between the member countries would only strengthen the financing capacities of these member states in general. The afore-mentioned transfer system is able and required to induce growth in the receiving countries, but its monetary benefits could easily feed consumption.[5]

One can assume that at the level of member states, the removal of their differences in fiscal capacity will become a more crucial part of the process of a political union.

3. Possible systems of income redistribution with horizontal effect

In an intergovernmental organisation there are two initial conditions which can influence the financial capacities of lower governmental levels:

(1) Vertical fiscal flows with horizontal effect

Here are three variants to be distinguished:

- The vertical distribution of tax competences as well as horizontal means of distribution. The revenues of the single federal levels can differ horizontally. This all depends on the taxes that are allocated to the lower levels by the legislative and/or fiscal sovereignty (in Germany the business tax versus the value added tax (VAT) at the local level). This is particularly the case for determining relationships of horizontal distribution, such as when deciding on the allocation of the VAT between Bund und Länder. These problems are important for discussion in the EC only if there will be a change in the provisions with "own financial resources".

- In the case of a given tax sharing (respectively given provision with "own financial resources" in the EC) horizontal effects can arise, because the additional financial flows per capita for example, transferred by the lower to the central level, are of different amounts. However, these transfers from the "bottom" to the "top" are not really relevant nowadays in the EC unless single states contribute to additional research projects within and for the community.

- Different advantages through financial flows from the "top" to the "bottom", for instance financial transfers of the EC to its member states within the framework of differing funds. On the one hand, such effects can be indirectly included, for example a regional effect of the agricultural or transport policy. On the other hand the regional effects can be directly the reason for financial transfers as it is, for example, true for the structural funds or the cohesion funds coming into effect by 1994 at the latest.

On the whole, the vertical financial flows with horizontal effect are the central consideration when determining the net-position of the single member states within the framework of the so-called "Zahlmeistertheorien" (pay-master-theory), (cf. HENKE 1981:11ff.).

(2) Horizontal financial flows at the decentraliced level

Such a redistribution system of direct payments transferred by one level of government to another one of the same level does not currently exist in the EC. However, it could be a suitable system for transfer to the level of the member countries, especially with regard to the reduction of the regional economic disparities and the creation of conditions for political integration. The following concentrates only on the kind of horizontal redistribution system described above. For such an equalization system in the narrow sense the redistribution of income between the Länder, existing in Germany, is a suitable example. The FRG is actually the only member state of the EC which has a strong medium level with a comparatively high constitutional power.

4. Structural characteristics of the redistribution of income between the Länder (LFA) in the FRG

If, first of all, the LFA is interpreted in a broader sense, it consists of four components:

1. Determination of the Länder's share of VAT and its distribution among the Länder.
2. Horizontal equalisation through payments among the Länder themselves.
3. Distribution of the Bund supplementary grants to the single Länder.
4. Bund's payments to the Länder, for instance within the system of mixed financing (Mischfinanzierung) stated in articles 91a and 91b of the German Constitution or investment aid (Art. 104a, Sect. 4, German constitution).

Among these levels mentioned above only level 2 describes a horizontal redistribution of income in the strict sense. This redistribution is in turn characterized by three levels:

1. Determination of the revenues (Finanzkraft) for every single Land; therefore the sum of the Länder's tax revenues (plus Förderabgabe = plus promotion tax)[6] and on average 50% of the standardized local tax revenues, which are in detail the business tax and the property tax (less the federal share of local business tax) and the local share of the federal income tax have to be added to the "Finanzkraftmeßzahl" (revenue figure).[7]

Furthermore the harbour costs of Hamburg, Bremen and Lower Saxonia as a total amount are subtracted from the "Finanzkraftmeßzahl". This is normally not the systematic way, because here the elements of the "Finanzkraft" and financial needs are mixed.[8]

2. Determination of the financial need of each single Land, which is separated according to specific financial needs of this land itself and its communities, for this purpose the population of each Land and its communities is assessed (beneficiation (= "Veredelung") according to the population).[9]

This population figure is multiplied with a standardized DM-amount.[10]

The result ist the "equity figure" (Ausgleichsmeßzahl) as the expression for the financial need. Thus it only represents the population relations, but no specific needs are taken into consideration.

3. Determination of the equity's degree; the equity figure has to be subtracted from the "Finanzkraftmeßzahl", which results in either a surplus, a deficit or a balance. Then there has to be determined the entitlement of the economically weak Länder and the required provision from the strong Länder. In this way the "Ausgleichsmeßzahl" (equity figure) is defined.

It should not be a percentage of 100, because in that case, the Länder have no incentive to improve their own economic situation. Other poorer criteria are the "Rangfolgeneutralität" ("order of standing neutrality") or the so-called "Monotonie-Eigenschaft" ("monotony-quality"). "Rangfolgeneutralität" indicates that the rating of the Länder is not changed by the redistribution of income. "Monotonie-Eigenschaft" describes that additional tax revenues of a Land are only allowed to increase its contributions or grants by exactly the same amount within the framework of the redistribution of income between the Länder; cf. BUHL & PFINGSTEN 1986: 102.

5. The role of the redistribution of income between the Länder, in the narrow sense, in the financial system of the FRG

A federal assessment of the redistribution of income between the Länder in the narrow sense can be summarized by the following 3 points:

1. With regard to the amount of the budget of the former Länder and the Bund (in 1991 280 Mrd. DM respectively 420 Mrd. DM) it is evident that the redistribution of income between the Länder with almost 4 Mrd. DM in 1991 is just a "Spitzenausgleich" (balance). The following arguments justify a concentration on this "Spitzenausgleich".

   - After the FRG's foundation, the economic starting conditions among the single Länder were not really different, although the dividing of the Länder could have been different with respect to regional aspects of distribution. In the following years there was neither a continous convergence nor a divergence in the Länder's economic position, cf. ESSER 1992: 8ff.. This is, besides LFA, the result of the regional politics of the Bund (and the Länder), in particular the joint tasks to improve the regional economic structure and also the investment grants.
   - The "Umsatzsteuervorabausgleich"[11] is preceded by the LFA, stated in German Constitution Article 107, section 1, sentence 4, which contains a noticeable horizontal distribution effect (about 15 Mrd. DM of the (about) 60 Mrd. DM VAT-revenues of all Länder in 1991 were used for horizontal equalisation).[12]
   - The redistribution of income between the Länder in the narrow sense is followed by "Bund supplementary grants" (BEZ), which are distributed among the financially weak countries to equalize the remaining discrepancies of the LFA and to compensate existing "special costs" ("political leading costs" of the small Länder, which are entitled to equalization, budget difficulties of Saarland and Bremen).[13] In principle, the existing redistribution of income between the Länder gives satisfaction to all Länder, because of these supplementary vertical grants. In other words: the feeling of solidarity among the Länder has not really been evoked, as the Bund compensates the existing discrepancies almost completely.[14] On the contrary they have criticized the danger of over-levelling, which could reduce efficiency.[15]

2. However, in the recent past an overcharge of this feeling of solidarity has been stated, as the new Länder were intended to be included in the income redistribution system. It is true that more financial responsibility of the West German

98

Länder for the financing of the East German Länder always means a relief for the Bund and in this respect it is relevant, that vertical distribution can bring Bund and Länder into conflict. But nevertheless horizontal distribution conflicts between the old and new Länder seem to provide a considerable basis for the strategic behavior of the old Länder.

As the attempt of the West German Länder to restrict the direct financial responsibility for East Germany only to the participation of the "Fonds Deutsche Einheit" and direct administrative aid failed, it was decided to include the new Länder into VAT distribution according to population.[16] After long negotiations the total inclusion of the new German Länder into the (slightly changed) redistribution of income between the Länder from 1995 on has been (so to say) paid at the price of a higher VAT-share for the Länder within the framework of the federal consolidation programme (currently operative law: Bund: 63%, Länder: 37%; an increase of the Länder's share up to 44% from 1995 on) and also at the price of clearly increased bund supplementary grants (supplementary: special needs of the new Länder, transition-BEZ for the financially weak old Länder).[17] The amount of the LFA in the narrow sense would have increased ten-fold within the existing law (from actually almost 4 Mrd. DM up to 30 Mrd. DM). The amount of equity will clearly be reduced by the effect of the "Umsatzsteuervorabausgleich".

3. In principle the traditional rule of the economic federalism theory is still valid, which indicates that the horizontal equity has to be mainly initiated by the Bund, cf. ZIMMERMANN 1992: 38f. If the affected level itself has the competence of equity, the amount of adjustment is lower, cf. POSTLEP 1993, chapter 4, Section C. This is at any rate the case for the veto-rights, as they exist in the EC. However, this is also true for other political rules of decision within the framework of the horizontal process of unification, because each Land just weighs up its own benefits without regarding the external effects sufficiently, which are based on a satisfying stability of the entire community. A redistribution from the wealthy to the poorer member Länder is all the more likely, on the one hand, the larger the group of the poor Länder is, and the more homogeneous this group is on the other, because then it would not split into smaller groups, some of which could be enticed away. In this context the so-called "Bargaining-processes" play an important role, like for example the agreement of the weak EC member countries to the EEA, which was paid for by a doubling of the structural funds in real terms and by the agreement to the Maastricht treaties conditional to the establishment of the cohesion fond.

Geographisches Institut
der Universität Kiel

6. The Assessment of a horizontal redistribution of income model at the EC-level

The answer to the question whether a horizontal mechanism of transfer, which is comparable to the LFA should be introduced, may be summarized in 5 arguments:

1. In the sense of the Federalism theory the EC in its present status cannot be described as a "central level" in a federal state. It could rather be described as a supranational level. This means, that decisions are dominated by horizontal negotiation results. In such cases of extremely unequal original economic conditions of allocation, member states have veto rights in central matters respectively the unanimity regulation is valid.[18] This impression of a comparatively weak EC decision level is completed by the fact that the EC's budget amounts to a percentage of just about 1% of the EC's GNP. For comparison: The Bund's budget has at least a share of about 15% of the German GNP.

   Considering this level of integration, the possibilities for realising (if only partly) any kind of horizontal redistribution of income at the level of the member states, while being responsible towards the European Parliament as the common legislative body, are still modest.[19]

   Accordingly the horizontal feeling of solidarity is also relatively weak due to the fact that the final form of political union is still not specified following the Maastricht Treaties. It is thus be deduced, that the horizontal redistribution aim among the member states plays a relatively small role, although a convergence is really required for a political union.

2. If the situation in the FRG is compared with the one in the EC the following conclusion can be drawn:

   • Despite a high degree of federalism of Germany's state structure as a whole and a comparatively large feeling of solidarity among the Länder, merely a horizontal "Spitzenausgleich" was possible, and even that was accompanied by repeated disputes in the Federal Constitutional Court. With the introduction of the new Länder a serious testing of this feeling is to be foreseen.[20]

   • The entire range of EC activities and their financing actually represents a process of horizontal redistribution (as expressed by the paymaster-theories). It is only converted by sectoral duties, which the EC practices through its various funds. Thus this redistribution is not the main aim of activities, the cohesion fund being an exception,[21] and consequently evokes the mentioned feeling of solidarity. This is different for a real horizontal redistribution system, which becomes clear when the following questions are to be answered: How should the financial need be established? The states with less population would be against using the population criterion as reference figure. Countries whose population is relatively evenly spread would prefer unweighted population statistics. It is quite likely that a large number of special needs would be claimed, such as island position, border territory etc. How should the taxability be assessed? If actual revenues are chosen any country could influence its own financial capacity by reducing the tax charges. Because of the existing different tax systems in the member states, a standardization of tax related policy scopes is hardly possible, cf. JUNKERHEINRICH 1985: 576ff..

3. The consequence of this is that a horizontal redistribution of income with unbounded horizontal transfer payments is ordinarily placed at the end of an integration process and it also demands an approach of the economic starting position and governmental instruments, especially in the field of taxation. First and foremost central policy can obviously achieve this approach and put it through politically. It seems that political acceptance first of all can mainly be reached by the regional influence of local politicans and later by specific regional policy of the central state. Therefore it has to be examined whether regional promotion with regional rights to an opion (Mitspracherecht) is more likely to be accepted than a regional promotion with centrally defined standard. The advantage of the first variant is that it is closer to the regional problems with all the consequences. The pros of the latter are the low agreement costs and the possibility to internalize the regional external effects more easily.

4. A horizontal redistribution of income becomes improbable through currently discussed the expansion of the member states in the EC. On the one hand the regional disparity increases, on the other, the costs of unification of a greater membership arise.

5. The conditions for the introduction of a horizontal redistribution of income decrease also through the fact that economically strong countries want to promote their own economically weak regions. It is true that the affected member countries spend resources for equalization within the framework of national regional policy. In this respect there is arithmetically no difference between the national financing of the EC structural funds or the cohesion fonds. But it obviously varies a lot whether certain regions in other member countries or in their own countries are promoted. This can also be transfered to the question whether the miner in the Ruhr area is willing to sacrifice his share of subsidies because the farmer in Portugal is in a worse economic position, cf. ZIMMERMANN 1986: 97. Generally the well-known conflict between distribution and growth has to be taken into consideration. In this sense the EC has not only to be seen with regard to the domestic economy but also with respect to its integration into the global economy. A broadened EC with a respectively greater common market will positively have to accept all kinds of possibilities to strengthen its internal growth, i.e. at least not to put the brake

on them, if it is not to trail behind stronger economies like the Japanese and the Middle East or the USA.[22]

Notes

1 Further details on regional effects and their consequences for the regional financial structure are given in: MÜLLER, W., Die Auswirkungen des Europäischen Binnenmarktes auf die regionale Finanzstruktur, Eine Untersuchung unter der Leitung von H. Zimmermann im Auftrag der Akademie für Raumforschung und Landesplanung. A short summary is to found in: ZIMMERMANN & MÜLLER 1992: 211ff.

2 From the economic point of view as well as from the political one such an expansion is indispensable for European stability and pacification; cf. STARBATTY (1991).

3 For further details on the legal principles of federalism refer to: ESSER (1992: 8ff.).

4 This is also discussed in an article of ZIMMERMANN 1991: 9ff.

5 This comparison of regions and member countries as a reference of an aid policy has to be qualified as far as a member country as a whole is classified to a special region. This is true for example for Spain, Portugal and Greece, if under-developed regions are definied by a synthetic EC-index. With regard to this index all other member countries have at least 2 kinds of regions.

6 A standardization of the Länder's tax revenues is, in contrast to the taxes in the local sector, not necessary, as they are just rudimentary competences in legislation. For central judgement and reform suggestions, see: HENDLER 1993: 292ff.. Nevertheless the Länder are in the position to reduce their tax revenues by tax remission and deferment, which are often economically motivated, and to refinance these measurement/steps often by the LFA.

7 From the legal point of view a consideration of the local taxes is set out in article 107, which says: "The law has to assure that the different revenues of the Länder have to be compensated in an appropriate way, therefore the revenues and financial need have to be taken into consideration". To what extent the local financial means are assessed, the Länder have different burdens or credits; cf: WAGENFÜHRER 1991: 193ff.

8 This is just one of the problems of the existing redistribution of income between the Länder. An overview of basic reform suggestions is given in: Wissenschaftlicher Beirat beim Bundes-ministerium der Finanzen, Gutachten zum Länderfinanzausgleich in der Bundesrepublik Deutschland, Bonn 1992.

9 The specific financial need of the Länder is determined by simply multiplying the population of the city states with 135%, which then is compared with the (tax) revenues of the Länder. In contrast to this the local financial need is determined by their exact population. This measure is then used for the equalization of the local taxes.

10 This DM-amount for the specific financial need of each Land is the result of the division of the sum of all Länder's "Finanzkraftmeßzahlen" and the sum of all Länder's population. For the calculation of the Gemeinde's financial need the DM-amount per capita is obtained in the same way.

11 Details on the relation of "Umsatzsteuervorabauffüllung" and redistribution of income between the Länder, cf. ESSER 1992: 62ff.

12 Within the framework of the distribution of the Länder's VAT share a percentage of 75 of this share are distributed according to population. Up to 25% of this share used to distribute supplementary shares among the economically weak countries.

13 The total amount of the BEZ is fixed at up to 2% of the VAT-revenues. In this way the BEZ are made dynamic. However, this is to an increasing degree problematic, as soon as the total

amount of BEZ exceeds the financial equalization amount and the adjustment to the special costs. If these means will be still spend, the result is an unconstitutional over-levelling. Finally, the entire redistribution of income in the broader sense leads to a level of equalization of at least 99,3% for the recipient Länder. The providing Länder, however, are normally lowered under a percentage of 105 of the Ausgleichsmeßzahl (equity Figure).

14 However, despite these conditions there have been frequent debates between the Länder in form of "Normenkontrollanträgen", for instance the question whether to include the "Ölförderabgabe" in(to) the definition of "Finanzkraft", cf: PEFFEKOVEN 1987: 181ff., 1992: 349ff..

15 See Footnote 13.

16 The West German Länder are indirectly burdened with additional restucturing of Bund means (cancellation of structural aid, restructuring of joint task, etc.). There is an annual brut burden of totally 20 Mrd. DM, cf: FÄRBER 1993: 305.

17 The keyword "to pay" can be used in so far as a change of LFA depends on the assent of the Länder belonging to the Bundesrat (upper house of the (West) German parliament) and in this case the West German Länder, apart from any political membership, came to an agreement.

18 This is again and again an instrument to asscertain national interests in practice of the EEC. An example taken from the recent future was the conflict of a joint transport conception.

19 In comparison to this the possibilities of the European Parliament to influence the EEC's regional policy have been improved, particularly with respect to the veto-rights for changes of the structural funds.

20 FÄRBER (1993: 306) explains the defensive position held by the West German Länder during the negotiations concerning the federal consolidation programme on the base of alledgedly previously existing financial imbalances to the disadvantage of the Länder; cf: POSTLEP 1992: 37ff..

21 More details on the cohesion fund are given in DIEKMANN & BREIER 1993: 258ff..

22 The establishment of the EC-Common Market can be seen as an reaction to existing worldwide competition; cf: BERG (1988).

Literatur/Bibliography

Berg, H. (1988): EG-Binnenmarkt 1992: Perspektiven, Chancen, Risiken. - Volkswirtschaftliche Korrespondenz der Adolf-Weber-Stiftung 27, Nr. 10.

Buhl, H.U. & Pfingsten, A. (1986): Eigenschaften und Verfahren für einen angemessenen Länderfinanzausgleich in der Bundesrepublik Deutschland. - Finanzarchiv, N.F., 44: 98-109.

Diekmann, B. & Breier, S. (1993): Der Kohäsionsfonds - ein notwendiges Gemeinschaftsinstrument? - Wirtschaftsdienst 73, H. 5: 258-265.

Esser, C. (1992): Strukturprobleme des bundesstaatlichen Finanzausgleichs in der Bundesrepublik Deutschland. - Institut "Finanzen und Steuern": Grüne Briefe, Nr. 311. - Bonn.

Färber, G. (1993): Reform des Länderfinanzausgleichs. - Wirtschaftsdienst 73, H. 6: 305-313.

Hendler, R. (1993): Finanzverfassungsreform und Steuergesetzgebungshoheit der Länder. - Die öffentliche Verwaltung, H. 7: 292-299.

Henke, K.-D. (1981): Die Finanzierung der Europäischen Gemeinschaften. - Probleme des Finanzausgleichs III (= Schriften des Vereins für Socialpolitik 96): 11-83.

Junkernheinrich, M. (1985): Dezentralisierung der regionalen Wirtschaftspolitik. - Wirtschaftsdienst 65, H. 11: 576-581.

Kirchhof, P. (1982): Der Verfassungsauftrag zum Länderfinanzausgleich als Ergänzung fehlender und als Garant vorhandener Finanzautonomie. Gutachten für das Land Baden-Würtemberg im Vorfeld des BVerfG-Prozesses 1986. - Köln.

Peffekoven, R. (1987): Zur Neuordnung des Länderfinanzausgleichs. - Finanzarchiv, N.F., 45: 181-228.

Peffekoven, R. (1992): Das Urteil des Bundesverfassungsgerichts zum Länderfinanzausgleich. - Wirtschaftsdienst 72, H. 7: 349-354.

Postlep, R.-D. (1992): Einigungsbedingte Belastungen des Bundes, der alten Bundesländer und ihrer Gemeinden. - Wirtschaftsdienst 72, H. 1: 37-42.

Postlep, R.-D. (1993): Gesamtwirtschaftliche Analyse kommunaler Finanzpolitik - ein Beitrag zur ökonomischen Förderalismustheorie. - Baden-Baden (= Schriften zur öffentlichen Verwaltung und öffentlichen Wirtschaft 136).

Starbatty, J. (1991): Europa auf dem Weg zu einem neuen Gleichgewicht. - Volkswirtschaftliche Korrespondenz der Adolf-Weber-Stiftung 30, Nr. 9.

Wagenführer, A. (1991): Länderfinanzausgleich und Gemeinden. - Der Gemeindehaushalt 92, H. 9: 193-197.

Zimmermann, H. (1986): EG-Begrenzung für die deutsche Regionalpolitik? - Ansätze und mögliche Konsequenzen einer EG-Konvergenzpolitik. Wirtschaftsdienst 66: 92-97.

Zimmermann, H. (1991): Die regionale Dimension des Europäischen Binnenmarktes - Auswirkungen auf Regionsstruktur, förderativen Aufbau und regionsbezogene Politik. - Akademie für Raumforschung und Landesplanung (Ed.): Europäische Integration - Aufgaben für Raumforschung und Raumplanung. - Hannover (= Forschungs- und Sitzungsberichte 184): 9-51.

Zimmermann, H. (1992): Finanzausgleich in Deutschland zwischen Einigungsprozeß und Europäischer Gemeinschaft. - Föderalismus in Deutschland. - Köln (= Cappenberger Gespräche der Freiherr-vom-Stein-Gesellschaft 26): 30-43.

Zimmermann, H. & Müller, W. (1992): Auswirkungen des Europäischen Binnenmarktes auf die regionale Finanzstruktur. - Raumforschung und Raumordnung 50, H. 5: 211-220.

Die Rolle der Agglomerationen in den Vorstellungen der Bundesrepublik Deutschland für ein europäisches Raumordnungskonzept

Günter Mertins

1. Vorbemerkung

Die nachfolgenden Ausführungen sind vor dem Hintergrund der seit ca. zwei Jahren auf den politischen Ebenen und in Fachkreisen recht intensiv geführten Diskussionen über ein mögliches europäisches Raumordnungskonzept zu sehen, wobei hier natürlich auf die offiziellen Aussagen/Stellungnahmen besonders Bezug genommen wird. Darin und in den laufenden Diskussionen spielen die Agglomerationen eine herausragende Rolle, gelten sie doch als zu stärkende/auszubauende Attraktions"punkte" in Europa und als "regionale Wachstumsmotoren" (BMBau 1993: 6).

2. Agglomeration, Agglomerationsvorteile

Unter Agglomeration (synonym oft auch: Verdichtungsraum) wird im internationalen Sprachgebrauch allgemein ein verstädtertes Gebiet mit einem oder mehreren Kernen, einer bestimmten Flächenausdehnung und einer Mindestbevölkerungszahl von ca. 250.000 Einwohnern, bei mehrkernigen Agglomerationen von ca. 500.000 Einwohnern verstanden, das aus mehreren politisch-administrativen Einheiten besteht (GAEBE 1987: 18, 177ff.; HEINEBERG 1989: 8).

Agglomerationsvorteile entstehen aus der räumlichen Konzentration von Urbanisierungs-, Lokalisations- und Skaleneffekten (ZIMMERMANN 1991: 22ff.). Unter Urbanisierungseffekten werden die sich aus der Bevölkerungs-, Betriebs-/Arbeitsplatz- und Infrastrukturverdichtung ergebenden Vorteile von Agglomerationen verstanden, z.B. "kurze Wege" für Zulieferer und Absatz, hohe regionale Nachfrage, gute Infrastruktur; sie werden meist als positiv für das regionale Wachstum angesehen. Lokalisationseffekte ergeben sich aus einer hohen Branchenkonzentration. Auch sie wirken sich regional- und darüber hinaus volkswirtschaftlich positiv aus, wenn es sich um sog. Wachstumsbranchen des sekundären und vor allem des quartären Sektors handelt, z.B. Banken, Versicherungs- und Finanzierungsgesellschaften (vgl. u.a. für die Region Rhein-Main: UVF 1991: 133ff.). Die Bedeutung der Skaleneffekte (economies of scale) auf die Agglomerationen werden heute eher vorsichtig beurteilt, vor allem dann, wenn die Realisierung derselben von flächenintensiven Betriebserweiterungen (Bodenpreis!) abhängig ist und es infolgedessen eher zu Betriebsverlagerungen kommt, die nur agglomerationsfördernd wirken, wenn sie am Agglomerationsrand erfolgen.

Weitere Standortqualitäten entstehen aus der Verfügbarkeit der Produktionsfaktoren Arbeit (Facharbeiter!), Kapital und Boden, wobei dabei gerade die wenig genutzten, verkehrsmäßig gut erschlossenen Räume zwischen zwei benachbarten Agglomerationen erheblich an Bedeutung gewinnen. - Insgesamt gehen von den positiven Agglomerationsvorteilen zentralisierende Effekte aus, die sich oft selbst verstärken (SCHÄTZL 1992: 32).

3. Alte und neue Standortfaktoren

Bis Anfang der 60er Jahre galten - neben den Agglomerationsvorteilen - als Standortfaktoren für den Produktionssektor im wesentlichen das Vorhandensein von Rohstoffen (z.B. Erze) und von Energiequellen (z.B. Kohle) sowie die verkehrsräumliche Lage bzw. Anbindung).

Ebenfalls bis Anfang der 60er Jahre hat sich die Industrie in den Mitgliedstaaten der EG hauptsächlich auf ihre ursprünglichen Standorte konzentriert, wo auch vorzugsweise die Investitionen in neue Industrieanlagen erfolgten. Das traditionelle Kerngebiet der Wirtschaftstätigkeit lag im Dreieck Paris - London - Amsterdam, in der Ruhr- und Saar-Region sowie in Elsaß-Lothringen (EUROPA 2000, 1991: 50f.).

Seit Beginn der 70er, vermehrt seit den 80er Jahren, gewinnen neue Standortqualitäten/-faktoren in immer stärkerem Maße Einfluß auf die Standortwahl der Unternehmen im Produktions- wie im Dienstleistungsbereich: Gute soziale, kulturelle, architektonische und Freizeiteinrichtungen, Nähe zu attraktiven Wochenend-Erholungsgebieten sowie günstige Verbindungen, d.h. die Lage im Autobahn- und Hochgeschwindigkeits-Eisenbahnnetz werden nicht nur für Unternehmen immer wichtiger, sondern bilden auch entscheidende Anreize für die Zuwanderung von qualifizierten Arbeitskräften aus anderen Regionen.

Zu diesen sog. "weichen" Standortfaktoren werden auch noch andere Faktoren gezählt wie z.B. das regionale Image, das durch die politische Orientierung der jeweiligen Landes- oder Stadtregierung herrschende Wirtschaftsklima, aber auch die Leistungsbereitschaft der Erwerbsbevölkerung (ZIMMERMANN 1991: 33).

Die Auswirkungen der "weichen" Standortfaktoren auf die Attraktivitätssteigerung bestimmter Agglomerationen ist schwierig abzuschätzen. Sicher ist jedoch, daß sie heute im wesentlichen Umfang die Standortqualität von Agglomerationen bestimmen. Beim Wettbewerb der europäischen Agglomerationen um die Ansiedlung, Ausweitung oder gar nur um das "Halten" von Produktions- und Dienstleistungsbetrieben/-einrichtungen stellen sie die entscheidenden Faktoren im Standortmarketing dar: Bei der endgültigen Unternehmensentscheidung scheinen "qualitative Faktoren wichtiger zu sein als quantitative (kostenbezogene) Faktoren" (EUROPA 2000, 1991: 55).

4. EG-Binnenmarkt und Veränderungen im europäischen Agglomerationssystem

Vor dem Hintergrund des im Juni 1985 beschlossenen und zum 1. Januar 1993 realisierten EG-Binnenmarktes entzündete sich bald die Diskussion um die "zentrifugalen und zentripetalen Kräfte" des Binnenmarktprozesses (ZIMMERMANN 1991) sowie um die Auswirkungen desselben vor allem auf die Agglomerationen innerhalb der EG. Sie erhielten seit 1989/90, mit der Wiedervereinigung Deutschlands und der Öffnung Osteuropas, eine europäische Dimension.

Die zu erwartenden wirtschaftlichen Effekte des europäischen Integrationsprozesses haben nicht nur die Unternehmen - und das z.T. bereits schon lange vorher - in ihre Standortplanungen/-strategien einbezogen. Auch andere EG-Länder (vgl. KUNZMANN 1992: 127ff.), Bundesländer, Regionen und vor allem Agglomerationen überdachten - gerade nach der CECCHINI-Studie (1988) - in diesem Kontext ihre Positionen neu, um durch entsprechende Maßnahmen ihre Standortqualitäten zu verbessern und so auf den europäischen Wettbewerb besser vorbereitet zu sein (vgl. u.a. KISTENMACHER 1989/90, UVF 1991).

Wesentlich angeregt wurden diese Aktivitäten durch eines der bekanntesten Raumstrukturmodelle der jüngeren Zeit, die von BRUNET (1989) entwickelte sog. "Blaue Banane" (SINZ 1992: 687). Sie geht von einer Zone hoher Siedlungs-(Bevölkerung und Arbeitsplätze!) und Infrastrukturdichte von London über die Randstad Holland, das Ruhrgebiet, die Rheinschiene, über München und die Schweiz bis nach Mailand aus. Dabei ist innerhalb dieser "Banane" eine allmähliche Südverlagerung des europäischen Gravitationszentrums auf ein neues Wachstumsdreieck Frankfurt/M. - Barcelona - Triest zu beobachten. Dieses Modell hat BRUNET etwas später um einige Nebenachsen ergänzt, z.B. Paris - Lyon - Marseille und (erst seit 1989/90 aktuell!) Hamburg - Berlin - Leipzig - Dresden - Prag - Wien (HEBRARD & TREUNER 1992: 34ff.; SIEBECK 1992: 100). Den in diesen Präferenzregionen liegenden deutschen Agglomerationen kommt - wenn auch in abgestufter Form - im europäischen Kontext eine erhebliche Bedeutung zu.

Dieses "eingängig visualisierte Raumbild" (SINZ 1992: 686) einer großräumigen, recht groben europäischen Raumentwicklung hat - obwohl in keiner Weise offizialisiert - eine nicht zu unterschätzende, trendverstärkende Bedeutung im Wettbewerb der Agglomerationen um entsprechende Plätze in der "ersten europäischen Agglomerationsliga". Selbst bei den "Perspektiven der künftigen Raumordnung der Gemeinschaft", aufgestellt von der Generaldirektion Regionalpolitik der EG taucht die "Banane" wieder auf, freilich in abgeänderter und abgeschwächter Form, z.B. bei der Darstellung der traditionellen Zentren und der Wachstumsregionen (EUROPA 2000, 1991: 14).

5. Auswirkungen auf die deutschen Agglomerationen

Die Auswirkungen des EG-Binnenmarktes werden die Raum- und Siedlungsstruktur in Westdeutschland nicht gleichzeitig und nicht mit der gleichen Intensität erfassen (KUNZMANN 1991: 39ff.). Ohnehin ist es seit den 70er/80er Jahren in den alten Bundesländern zu einer Neugruppierung in der Hierarchie und Spezialisierung der Agglomerationen gekommen (Stichwort: Süd-Nord-Gefälle) mit fast stagnierenden "alten" Agglomerationen (z.B. Ruhr-, Saargebiet, aber auch: Hamburg, Bremen) auf der einen und dynamischen Agglomerationen auf der anderen Seite, z.B. Frankfurt/M., München oder Stuttgart. Sie entwickeln sich mehr und mehr zu "Zentren des technisch-organisatorischen Wissens, der Informationsproduktion und -verteilung und der Kommunikation" (SINZ 1992: 688).

Die deutsche Wiedervereinigung, die "Öffnung nach Osten" und die EG-Beitritte der skandinavischen Länder haben jedoch erheblichen Einfluß auf die Entwicklung der nord- und ostdeutschen Agglomerationen und damit insgesamt auf die deutsche "Agglomerationshierarchie".

Selbst unter den Aspekten eines verschärften europäischen Wettbewerbs stehen jedoch mit Sicherheit die "global cities" Berlin, Frankfurt/M. und München im "oberen Tabellenbereich der ersten europäischen Agglomerationsliga". Zu dieser gehören auch Hamburg und die Rhein-Ruhr-Region, während Bremen, Hannover, Stuttgart, Nürnberg, Leipzig/Halle und Dresden "Aufstiegskandidaten" sind. Deren Aufstiegschancen hängen neben der Ausstattung mit Transport- und Kommunikationsinfrastruktur wesentlich von einem breiten und qualitativ hohen Angebotsspektrum an den erwähnten "weichen" Standortfaktoren ab.

Die räumliche Ausdehnung der großen Agglomerationen schreitet immer weiter fort. Sie greifen über die suburbanisierte Zone in das desurbanisierte, ländliche Umland über (FRIEDRICHS 1983: 168ff.; GAEBE 1987: 141 ff.; KUNZMANN 1992: 111ff.). Dieses gewinnt auch als Zielregion für die Verlagerung von Arbeitsplätzen aus dem Agglomerationszentrum an Bedeutung, erhöht also die Standortqualität von Agglomerationen. Besonders betroffen von diesen "spin-off"-Effekten sind die Zwischenräume zwischen zwei, verkehrsmäßig sehr gut miteinander verbundenen, nicht zu weit auseinander liegenden Agglomerationen: Karlsruhe und Mannheim-Ludwigshafen gelten als entwicklungsfähige "missing-links" zwischen Frankfurt/M. und Stuttgart oder Ulm zwischen Stuttgart und München (KUNZMANN 1991: 54).

Ergänzungs- und Entlastungszentren werden dort relativ rasch an Bedeutung gewinnen, wo mittlere Großstädte auf europäisch bedeutsamen Hauptverkehrsachsen liegen (z.B. Aachen, Freiburg und Rosenheim; die beiden letzteren können dabei zudem ihre landschaftlich reizvolle Lage "vermarkten") oder wo im 1-Stunden-Einzugsbereich großer Agglomerationen sich atttraktive Groß-/Mittelstädte (häufig mit Traditionsuniversitäten) anbieten, z.b. Göttingen, Münster, Würzburg, aber auch der Raum Gießen-Marburg oder Braunschweig und Siegen (SINZ 1992: 688).

6. Die Rolle der Agglomerationen in den raumordnungspolitischen Vorstellungen der EG-Kommission

Unbestritten gesteht der Maastricht-Vertrag vom 7.02.1992 der EG-Kommission keine originären Kompetenzen im Bereich der Raumordnung zu (vgl. den Beitrag von R. Hendler in diesem Band). Jedoch beschreibt der Vertrag Vorstellungen der EG-Kommission über die Raumentwicklung in der EG, wobei über zwei raumbedeutsame Fachpolitiken in erheblichem Maße Einfluß auf die Standortqualitäten der Agglomerationen und damit auf deren künftige Entwicklung genommen werden kann:

- Transeuropäische Netze in den Bereichen der Verkehrs-, Telekommunikations- und Energieinfrastruktur (Artikel 129b). Die Tätigkeit der Kommission zielt dabei auf den Auf- und Ausbau derartiger Netze ab, als deren Ausgangs- und Knotenpunkte eben Agglomerationen fungieren (vgl. die Beiträge von E. Buchhofer und K.P. Schön in diesem Band).
- Erhaltung und Schutz der Umwelt sowie Verbesserung ihrer Qualität (Artikel 130r, s). Zur Durchführung seiner Umweltpolitik erläßt der Rat allgemeine Aktionsprogramme, Vorschriften überwiegend steuerlicher Art sowie auch Maßnahmen, die - gerade bei den Agglomerationen - in die Bereiche Raumordnung und Bodennutzung eingreifen.

Vor dem Hintergrund der fehlenden Kompetenzen bleiben dann auch in den von der EG-Kommission vorgelegten "Perspektiven der künftigen Raumordnung der Gemeinschaft" die Vorstellungen über die "Entwicklung der Städtelandschaft" ausgesprochen blaß (EUROPA 2000, 1991: 133ff.), man gelangt über vage, einfache Entwicklungsszenarien nicht hinaus. Anderseits entwickeln HEBRARD & TREUNER 1992: 36; Abb. 12) für die Gestaltung der europäischen Siedlungsstruktur das "Leitbild einer polyzentrischen Siedlungsstruktur" mit einem verhältnismäßig dichten Netz regionaler Zentren, die keineswegs alle den Rang von Agglomerationen haben müssen. Die Verwirklichung dieses Modells setzt allerdings einen entsprechenden raumordnungspolitischen Konsens in der EG voraus. Jedoch bietet es - in Verbindung mit sektoralen Maßnahmen der EG-Kommission, z.B. im Autobahn- und/oder Hochgeschwindigkeitsstreckenbereich - wichtige Ansätze für die Planung in entsprechenden Regionen bzw. Agglomerationen.

7. Die Rolle der Agglomerationen in den Vorstellungen der Bundesrepublik Deutschland zu einem Europäischen Raumordnungskonzept

Allgemein wird zunächst - nicht nur von deutscher Seite - die "Notwendigkeit eines unter Raumordnungsaspekten zu erarbeitenden Bezugsrahmens auf Gemeinschaftsebene sowie eine abgestimmte Zusammenarbeit auf dem Gebiet der Raumplanung in Europa" anerkannt (Bundesrat-Drucksache 100/92, 6.11.1992). Ferner sollten in engerer EG-Kooperation "Raumordnerische Grundsätze und Perspektiven zur räumlichen Entwicklung des Gemeinschaftsraumes erarbeitet werden" (Entschließung der Ministerkonferenz für Raumordnung, 27.11.1992).

Deutlich äußert sich bezüglich der Entwicklung der großen Zentren z.B. der Deutsche Bundesrat (Bundesrat-Drucksache 100/92: 8; 6.11.1992): "Als räumlichen Bezugsrahmen für die Entwicklung des Gemeinschaftsraumes und seiner Regionen gilt es, ein Konzept für ein gemeinschaftsweites Netz großer Bevölkerungszentren und Städte vorzubereiten, das sich am Verlauf und an den Knotenpunkten der großräumigen Verbindungsachsen orientiert. Allgemeines Ziel muß die Beibehaltung und Weiterentwicklung dezentraler Siedlungs- und Versorgungsstrukturen sein; .... Eine wesentliche Aufgabe.... wird darin gesehen, die Eckdaten für die zukünftige Achsen-Zentren-Struktur in Europa aufzuzeigen. Dadurch könnte der erforderliche Abstimmungsprozeß zwischen den Mitgliedsstaaten und Regionen in Gang gesetzt werden (europäische Metropolen, Hochgeschwindigkeitsnetz)".

Detaillierter werden die Aussagen bzw. die Anforderungen an ein "Leitbild Europa" dann in den Ende September 1992 vom Bundesministerium für Raumordnung, Bauwesen und Städtebau veröffentlichen "Empfehlungen der Bundesrepublik Deutschland zu einem Europäischen Raumordnungskonzept" (BMBau 1992) sowie in dem "Raumordnungspolitischen Orientierungsrahmen" (BMBau 1993). Praktisch als conditio sine qua non für die Entwicklung der Raum- und Siedlungsstruktur Europas wird das "Leitbild der dezentralen Konzentration angesehen; d.h. ein europäischen Raumordnungsleitschema soll sich u.a. orientieren am (BMBau 1993: 19f.)
- "Leitbild eines relativ ausgeglichenen polyzentrischen Siedlungssystems"; dabei gilt es allerdings,
- "die Stellung der Stadtregionen von europäischem Rang zu sichern und auszubauen", aber auch

- "regionale Zentren gegenüber den europäisch bedeutsamen Agglomerationen zu stärken", nicht zuletzt im Sinne einer Entlastungsstrategie.

Unter mehrfachem, ausdrücklichen Bezug auf das in der Praxis der deutschen Raumordnung bewährte "Leitbild der dezentralen Konzentration" wird eine Anwendung desselben bzw. eine entsprechende Strategie auf zwei Ebenen gefordert: einmal bei den Stadtregionen/Agglomerationen von europäischem Rang, zum anderen bei den regionalen (deutschen) Zentren.

Jedoch scheinen berechtigte Zweifel an dieser "Zwei-Ebenen-Strategie" angebracht zu sein, wenn z.B. bei der zukünftigen wirtschaftlichen Entwicklung ausgegangen wird von einer durchaus richtigen "zunehmenden Konzentrierung wirtschaftlicher Aktivitäten auf wenige Räume infolge einer starken Beschleunigung der internationalen Arbeitsteilung und Verflechtung der Wirtschaft" sowie einer "zunehmenden Zentralisierung wirtschaftsrelevanter Entscheidungen auf eine immer geringer werdende Zahl an Zentren" (BMBau 1992: 4) und dann gefordert wird, "die bisher wirtschaftsstarken Regionen und Zentren sind in Zeiten eines zunehmenden internationalen Wettbewerbs und wachsender Standortkonkurrenzen in ihrer Funktionsfähigkeit zu sichern und weiterzuentwickeln" (BMBau 1993: 4). Damit sind zweifelsohne nur die Mitglieder der beiden "Europäischen Agglomerationsligen", die sogenannten "Eurocities" gemeint.

8. Paradigmenwechsel bei der Anwendung des Leitbildes der dezentralen Konzentration?

Die raumordnungspolitische Umsetzung des Leitbildes der dezentralen Konzentration mit dem Ziel der Schaffung bzw. Erhaltung einer polyzentrischen Siedlungsstruktur hat nun auf völlig unterschiedlichen Ebenen (EG bzw. Europa - Bundesrepublik Deutschland) eine völlig andere Bedeutung, wird mit unterschiedlichen Instrumentarien angestrebt und führt zu unterschiedlichen Auswirkungen.

In der Bundesrepublik Deutschland werden unter dem erwähnten Leitbild einmal Standorte außerhalb von Verdichtungsräumen/Agglomerationen und den diese umgebenden Ordnungsräumen gefördert, überwiegend sogar - mit dem Ziel des Abbaus interregionaler Disparitäten - im ländlichen Umland derselben bzw. in ländlich geprägten Regionen. Aufgrund der bereits gegebenen Standortqualitäten konzentriert sich eine derartige Förderung überwiegend auf Mittelzentren, z.B. im Rahmen der Gemeinschaftsaufgabe des Bundes und der Länder "Verbesserung der regionalen Wirtschaftsstruktur". Andererseits erfolgt eine Förderung von Entlastungszentren/-orten in den Ordnungsräumen selbst, d.h. im hochverdichteten Umland bzw. in der suburbanen Zone von Agglomerationen/ Verdichtungsräumen.

Für die EG-Ebene wird - unter ausdrücklichem Bezug auf das Leitbild der dezentralen Konzentration - die Erhaltung und Stärkung eines ausgewogenen, hierarchisch abgestuften Systems von Stadtregionen gefordert, die wichtige europäische Funktionen im wirtschaftlichen, kulturellen, wissenschaftlichen oder technologischen Bereich in sich konzentrieren (BMBau 1992, 1993). Dem entsprechen die Aussagen von HEBRARD & TREUNER (1992: 62; Abb. 12) über die europäischen Entwicklungszentren: die Leistungsfähigkeit des wirtschaftlichen Kernbereichs Europas, d.h. seiner zentralen Agglomerationen, ist aufrecht zu erhalten und bestehende Entwicklungspole sind zu stärken. Erst danach wird von der Schaffung neuer Zentren in peripheren Regionen gesprochen. Hier wird m.E. das Leitbild der dezentralen Konzentration mit den daraus abgeleiteten Förderungen vorrangig auf die "räumlichen Leistungsträger" in Europa angewandt, d.h. auf die wichtigen Agglomerationen und ihr Umland. Dahinter steht eindeutig die Absicht, die Standortqualitäten der deutschen Agglomerationen im europäischen Kontext zu stärken. Nach den bisher vorliegenden Absichtserklärungen einiger EG-Länder und den seit Jahren zu beobachtenden Maßnahmen zur Verbesserung der Standortvorteile "ihrer" Agglomerationen, wird dieses als nationale, als regionale Aufgabe angesehen (vgl. z.B. für Hessen und die Region Rhein-Main: KISTENMACHER 1989/90, UVF 1991), wobei die beabsichtigten EG-Maßnahmen in den Bereichen der transeuropäischen Netze diese Bestrebungen stützen, beziehen sie doch vorrangig die Agglomerationen mit ein.

Bedeutet dieses für die Bundesrepublik Deutschland bei der Anwendung des Leitbildes der dezentralen Konzentration - in Zeiten knapper Ressourcen - einen zumindest vorübergehenden Paradigmenwechsel, d.h. eine eindeutige Bevorzugung von Agglomerationen bei Raumordnungsmaßnahmen, wie es auch dem "Raumordnerischen Konzept für den Aufbau in den neuen Ländern" zugrunde liegt (BMBau 1991)? Oder bestehen verschiedene Systeme dezentraler Strukturen mit unterschiedlichen Funktionen nebeneinander? Oder deutet sich ein Wechsel in der Raumordnungspolitik an, daß das Hauptaugenmerk, zumindest für einen begrenzten Zeitraum, sich auf Regionen mit besonderen Entwicklungsproblemen richtet? Dazu zählen dann sicherlich die "Eurocities", die Entwicklungsregionen in den neuen Bundesländern sowie west- und osteuropäische Grenzzonen. - In jedem Falle sind zumindest ausgewogenere, koordinierte und in sich stringente Aussagen zu empfehlen.

The Role of Agglomeration in the Federal Republic of Germany's Conceptualisation for European Regional Planning

Günter Mertins

1. Introduction

The following elaboration is to be seen against the background of the debate over a possible European Regional Planning Concept. This intense discussion has been proceeding at various political and professional levels for the past two years and it is of particular importance to take into account those views reflected in official statements and opinions. In these and current exchanges the role of agglomerations is accepted as being extremely important since they are seen to be powerful potential growth points in Europe and as "regional engines of economic growth" (BMBau 1993: 6).

2. Agglomeration, agglomeration advantages

The expression "agglomeration" (Synonym: conurbation) is generally taken, in international usage, to mean a spatially defined urbanized area with one or more centres with populations, in uni-central settlements, of not less than 250.000 and in poly-central settlements of not less than 500.000 inhabitants, which consists of several administrative-political municipalities (GAEBE 1987: 18, 177 ff.; HEINEBERG 1989: 8).

Agglomeration advantages derive from the spatial concentration of urbanisation, location and economies of scale effects (ZIMMERMANN 1991: 22 ff.). In this context the urbanisation effects are those advantages which result from population, industrial, infrastructural, and employment concentration. For example, transport distances both for suppliers and to markets are shorter, there is a high regional demand for goods and services, there is a satisfactory infrastructure and local employment opportunites. These factors are regarded as having a positive impact on regional growth. Location effects derive from a high concentration of industry-branches or trades. These too are seen to have positive regional and more particularly economic influence so long as they are in the so-called growth sectors of the economy particularly at the secondary and quartery levels. These would include banking, insurance and financing enterprises. (see e.g. Rhein Main Region; UVF 1991: 133ff.). The significance of economies of scale in agglomerations is today considered more carefully. This is particularly so when its achievement depends upon the spatial intensification of specific industries (when the price of land becomes an important factor.) and in the course leads to relocation of industries. Such developments can only be considered to have a positive effect if they take place at the periphery of agglomerations.

Additional location qualities may derive from the local availability of production factors such as skilled workers, capital and land. This is especially relevant in relation to those as yet little used areas between two adjacent agglomerations where the transport network between the two is already well developed. Generally, centralising effects result from positive agglomeration advantages which are often self-reinforcing (SCHÄTZL 1992: 32).

3. Old and new location factors

Up until the 1960's location factors, besides other agglomeration advantages, were of major importance for the production sector. Significance was attached to the local presence of raw materials (e.g. ores), and to local energy sources (e.g. coal) as well as to the proximity to transport network connections.

Again, up until the 1960's, the industries of the EEC member states tended to be concentrated around their original locations, preferentially investing their capital there to build new industrial plants. The traditional centres of economic activities thus formed were the triangle of Paris-London-Amsterdam, the Ruhr-Saar region and Elsass-Lothringen (EUROPA 2000, 1991: 50f.).

From the beginning of the 1970's and more particularly in the 1980's, new location factors gained ever increasing influence on the choice of location for manufacturing industries and service enterprises. Among these new factors were those of good social, cultural, architectural, and leisure opportunities (including access to attractive weekend recreational facilities) and convenient transport services, i.e. being served by highways and high-speed rail networks. These factors are not just of more importance to the location of companies, they also play a significant role in the inter-regional mobility of skilled labour.

To these so-called "soft" location factors may be added a variety of others. An example of these would be that of the regional image and its existing economic climate, which is a product of the political orientation of the State or local Government as well as the willingness and ability of the work-force to be productive (ZIMMERMANN 1991: 33).

While it is difficult to assess the relative importance of the "soft" location factors in determining the attraction of different agglomerations, it is certain that they are to an important degree location qualities. In the competition between the different European agglomerations for development investment, these crucial location marketing factors are becoming increasingly apparent.It does not seem to matter whether the investment need is for internal development, expansion or even for the maintenance of existing manufacturing or service industry sectors,

116

the ultimate entrepreneurial decisions are made with regard to "qualitative factors which appear to be of greater importance than quantitative (cost related) factors" (EUROPA 2000, 1991: 55).

4. European Community Common Market and changes in the European agglomeration pattern

Against the background of the June 1985 resolution in favour of a European Community Common Market and its realisation on the 1. January 1993, there has been a continuing discussion on the possible "centrifugal" and "centipetal" forces of the common market process and the effects these might have on agglomerations, especially within the EC. A European dimension was added to this during 1989/90 with the reunification of Germany and the subsequent opening-up of Eastern Europe.

Not only enterprises have (and not just recently) anticipated the economic impacts of the European integration process when deciding upon location planning and strategies. Also other EC countries, Bundesländer, regions and above all agglomerations (cf. KUNZMANN 1992: 122ff.), in this regard reassessed their relative positions particularly following the CECCHINI Study (1988), seeking to improve their location qualities with appropriate measures to being well-prepared to face European competition (cf. KISTENMACHER 1989/90, UVF 1991).

These activities have recently been intensified by the development by BRUNET (1989) of his widely acknowledged new regional structure concept which came to be referred to as the "blue banana" (SINZ 1992: 687). This structure proceeds, on the basis of zones of high density settlement (concentration of population and employment) and infrastructure, from London over the Dutch "Randstad" to the Ruhr area, the Rhine rim, on to Munich, Switzerland and finally to Milan. Inside this "Blue Banana" there is evidence of a gradual shift to the South of the European gravitation centre, towards a new growth triangle formed by Frankfurt/Main - Barcelona - Trieste. Brunet himself later added new secondary axes to his model, that of Paris - Lyon - Marseille as an example, and, of current interest since 1989/90, that of Hamburg - Berlin - Leipzig - Dresden - Prague - Vienna (HEBRARD & TREUNER 1992: 34ff.; SIEBECK 1992: 100). The German agglomerations situated in these preferential regions, will assume, albeit by steps, considerable significance in the context of Europe.

This "common visualated spatial picture" (SINZ 1992: 686), representing as it does a broad but catchy future European spatial development, has, by its publication, itself reinforced regional development trends. Even though this may not have been officially encouraged, its importance with respect to those competing agglomerations for equal ranking in the "first European Agglomeration League" should not be underestimated. The same could be said for the "Future Regional

Planning Perspectives of the Community" published by the Commissioner for Regional Policy of the European Community, referring as it does to the "blue banana" again, albeit in a modified and diluted form. An example of this would be in its depiction of the traditional centres and the growth regions (EUROPA 2000, 1991: 14).

5. The consequences for German agglomerations

The effects of the establishment of the EC common market on the spatial and settlement structures of Western Germany will not occur at the same time and with the same intensity (KUNZMANN 1991: 39ff.). Apart from this, during the 1970's and 1980's, a shift occurred in the hierarchy and specialisation of agglomerations in the old Federal States (keyword: South-North Gap). There was virtual stagnation in the "old" agglomerations (e.g. Ruhr-Saar region as well as Hamburg and Bremen) and a dynamic agglomeration process around Frankfurt/Main, Munich and Stuttgart. These latter agglomerations are increasingly evolving into "centres of technical-organisational knowledge, production and distribution of information and communication" (SINZ 1992: 688).

German reunification, the subsequent "opening to the East"and the admission of Scandinavian nations to membership of the EC, all play an important role in the development of the northern and eastern German agglomerations and with this the total German "agglomeration hierarchy".

Despite a heightened level of European competition, the "global cities" of Berlin, Frakfurt/Main, and Munich are certainly within the upper rankings of the "European Agglomeration First League". Hamburg and the Rhine-Ruhr region belong to the league too, whereas Bremen, Hannover, Stuttgart, Nuremburg, Leipzig/Halle and Dresden are regarded as being candidates to rise through the rankings. Their chances to move upwards depend essentially on a broad and qualitatively superior range of "soft" location factors as well as a good transport and communication infrastructure.

The spatial expansion of the large agglomerations is continuous and they are encroaching upon the peri-urban, rural vicinities from their peripheral suburban areas (FRIEDRICHS 1983: 168ff.; GAEBE 1987: 141ff.; KUNZMANN 1992: 111ff.). It is becoming increasingly important for these areas to become "target regions" for the expansion of agglomerations and thus the beneficiaries of the transfer of employment opportunities from the agglomeration centre, while at the same time they themselves increase the location qualities of the agglomerations. These spin-off effects are particularly applicable to the space between two adjacent agglomerations which are well served by transport network. Karlruhe and Mannheim-Ludwigshafen can be considered to provide the "missing link" between

118

Frankfurt/Main and Stuttgart, with Ulm performing the same function between Stuttgart and Munich (KUNZMANN 1991: 54).

Such supplementary centres and those which take some of the load off the large agglomerations and which are now represented by medium-size to large cities situated on main European transport axes, will soon gain relatively in influence. Examples of these would be Aachen, Freiburg and Rosenheim and the latter could certainly additionally draw attention to its attractive landscapes. One could add to these those large and medium sized cities which are within an hour's travel time from large agglomerations and which also often offer the benefits of traditional universities. Gottingen, Münster, and Würzburg would be examples of those, with the Gießen-Marburg region or Braunschweig and Siegen also having similar claims (SINZ 1992: 688).

6. The role of agglomerations in the EC Commission's regional planning concepts

There can be no doubt that the Maastricht Treaty of February 7th 1992 does not pass ultimate authority for regional planning to the EC Commission (refer to the article by R.HENDLER in this volume). Nevertheless, the treaty contains a description of the Commission's regional development concepts for the Community. Within this there are two regional policies that could have an immense influence on the location qualities of agglomerations and with this on their future development. These are:

- Trans-European transport,telecommunication and energy infrastructure networks (article 129b). The Commission is to have the responsibility for the expansion of the existing and the installation of new, networks.In this, agglomerations are planned to be the starting points and junctions (see the contributions of E. BUCHHOFER and K.P. SCHÖN in this volume).
- The preservation and protection of the natural environment together with steps to improve its quality (art.130r, s). For the accomplishment of its environmental policy the Council has a general action programme which contains instructions, mainly dealing with taxation, but also steps that, for agglomerations, enter into the fields of regional planning and land use.

Perhaps due to this lack of authority, the document that was laid before the EC Commission, "Future Regional Planning Perspectives of the Community" deals with the ideas of "the development of urban landscape" in a decidedly unrounded way (EUROPA 2000, 1991: 133ff.). It does not go beyond vague and simple development sketches. On the other hand, HEBRARD & TREUNER (1992: 36; Abb. 12) have created, for shaping the European settlement structure, a "model of a poly-centric settlement structure". This has a relatively dense network of regional centres that do not necessarily have to qualify as agglomerations. The realisation of this model presupposes an appropriate consensus with regard to regional planning policy within the Community. However that may be, in relation to sectoral matters such as those concerning highways and/or highspeed rail links, the Commission is suggesting important stages for planning with regard to appropriate regions resp. agglomerations.

7. The Role of agglomerations in the Federal Republic of Germany's conception for European regional planning

In general it can be said that it is not only Germany that sees "the necessity to obtain a widely agreed working frame of reference with respect to regional planning matters as well as coordinated team-work in the field of regional planning for Europe" (Bundesrat-Drucksache 100/92; 6.11.1992). In close cooperation within the Community "region regulating principles and perspectives for the spatial development of the Community's area" should be formulated (Entschließung der Ministerkonferenz für Raumordnung, 27.11.1992).

The Bundesrat has expressed its views with regard to the development of the large centres very precisely (Bundesrat-Drucksache 100/92: 8; 6.11.1992) "As a spatial frame of reference for the development of the Community,s area and its regions, it is necessary to develop a concept for a community-wide network of major population centres and cities which conforms to the direction and junctions of the major linking axes. The general aim of this would be the maintainence and progress of decentralised settlement and supply structures;.....A fundamental task.....seen in this, is to identify the main basic data for the future axes-centre structure in Europe. This could initiate the the necessary process of adaptation between the member states and regions (European metropolisses, high speed networks)".

More detailed statements and requirements for a "model for Europe" arose toward the end of September 1992. The Federal Ministry for Regional Planning, Building and Urban Development published "Recommendations of the Federal Republic of Germany for a Regional European Planning Concept" (BMBau 1992) as well as "Guidelines for Politics of Regional Planning" (BMBau 1993). Virtually a conditio sine qua non for the development of Europe's regional and settlement structure is that the "model of decentralised concentration" be respected, i.e. a European regional planning precept should be oriented toward, among other things, (BMBau 1993: 19f.):

• "the principle of a relatively balanced poly-central settlement structure" and in the process;
• "protecting and improving the city-regions of European importance", but also;

120

- "strengthening regional centres in comparison to significant European agglomerations", not the least in the sense of a relief strategy.

With repeated explicit reference to the practice proven "principle of decentralised concentration" in German regional planning, an application of the same, or of an equivalent strategy, working on two levels, is demanded. Firstly for those city-regions/agglomerations of European rank and secondly for regional (German) centres.

However, it seems justifiable for one to doubt this two-tier policy when e.g. in future economic development one accepts the perfectly valid idea that there will be "increasing concentration of economic activities into fewer regions because of an acceleration in the international division of labour and the interdependence of economies" as well as "an increasing centralisation of economic decision making in a decreasing number of centres" (BMBau 1993: 4). This is even more so, when, at the same time, it is required that "so-far economically successful regions and centres must be protected in times of growing international competition and increasing rivalries over locations, in order to preserve their function and to allow them to develop" (BMBau 1993: 4). With that, it is undoubtedly only the members of the two "European Agglomeration Leagues", the so-called Eurocities, that are referred to.

8. A paradigm shift in the use of the principle of decentralised concentration?

The principle of decentralised concentration in regional planning, aiming at the creation or maintainence of polycentric settlement structures, assumes a totally different character when applied on totally different levels (EC or Europe and the Federal Republic of Germany); it is pursued by different means and leads to different results.

In the Federal Republic of Germany, the application of the above principle leads to the promotion of areas outside those of high density regions/agglomerations and these surrounding planning areas,particularly those with a rural character or in the countryside, are promoted with the aim of removing inter-regional disparities.On the basis of these location qualities such promotions usually concentrate on medium sized centres and are often carried out in accordance with the joint task of the Federal and Länder governments "Improvement of the regional economic structure". On the other hand, there is also the promotion of relief centres/areas in a planning region itself such as in the high density "Umland" or in suburban zones of agglomerations.

On the EC level, with specific reference to the decentralised concentration model, the demand is for the maintainence and reinforcement of a well-balanced hierarchically graded system of city regions concentrating on important European functions in relation to the economic, cultural, scientific and technological sectors (BMBau 1992, 1993). The statements of HEBRARD & TREUNER (1992: 62; Abb. 12.) with regard to European development centres correspond with this attitude: the efficiency of Europe's core economic areas,i.e. of its central agglomerations, must be maintained and existing development poles must be reinforced. Only then is there a mention of creating new centres situated in the peripheral regions.

In this case the model of decentralised concentration, together with the accompanying related promotions, is - in my view - firstly seen to apply to those cities in Europe which are structurally able to support maximum spatial efficiencies, that is to say to the major agglomerations and their "Umland". Behind this is undoubtedly the intention to reinforce the location qualities of German agglomerations in relation to Europe. According to the past stated intentions of several Community States, together with their actual measures taken over the past few years with regard to the improvement of the location advantages of "their" agglomerations, this is regarded as a national or regional task (see, for Hessen and the Rhein Main region: KISTENMACHER 1989/90, UVF 1991) And whereas the intended EEC measures in the area of trans-Europrean transport networks support these endeavours, they still begin by concentrating on agglomerations.

Does this imply for the Federal Republic of Germany, applying the model of decentralised concentration in times of scarce resources, an at least temporary paradigm shift, i.e. a definite preference for agglomerations in regional planning measures, similarly to what underlies the "Raumordnerisches Konzept für den Aufbau in den neuen Ländern" (BMBau 1991)? Or do various systems of decentralised structures with different functions co-exist? Or does this indicate a change in regional planning policy, i.e. that the focus shifts to regions with, at least temporary, special development problems? These would certainly include the "Eurocities", the development regions of the new Länder,and the Western and Eastern Europe border zones.

At the least one could say that more balanced, coordinated and emphatic recommendations need to be made.

Literatur/Bibliography

Bundesministerium für Raumordnung, Bauwesen und Städtebau (BMBau, 1991): Raumordnerisches Konzept für den Aufbau in den neuen Bundesländern. - Bonn.

Bundesministerium für Raumordnung, Bauwesen und Städtebau (BMBau, 1992): Empfehlungen der Bundesrepublik Deutschland zu einem Europäischen Raumentwicklungskonzept. 1. Entwurfsskizze. - Bonn (Ms.).

Bundesministerium für Raumordnung, Bauwesen und Städtebau (BMBau, 1993): Raumordnungspolitischer Orientierungsrahmen. Leitbilder für die räumliche Entwicklung der Bundesrepublik Deutschland. - Bonn.

Brunet, R. et al. (1989): Les villes "européennes"- Rapport pour la Délégation à l'Aménagement du Territoire et à l'Action Régionale (DATAR). - Montpellier - Paris.

Cecchini, P. (1988): Europa '92. Der Vorteil des Binnenmarktes. - Baden-Baden.

Friedrichs, J. (^{3}1983): Stadtanalyse. Soziale und räumliche Organisation der Gesellschaft. - Opladen.

Gaebe, W. (1987): Verdichtungsräume. Strukturen und Prozesse in weltweiten Vergleichen. - Stuttgart. (= Teubner Studienbücher der Geographie).

Hebrard, J. & Treuner, P. (1992): Perspektiven einer europäischen Raumordnung. - Hannover - Paris.

Heineberg, H. (^{2}1989): Stadtgeographie. - Paderborn u.a.O. (= Grundriß der Allgemeinen Geographie, Teil X).

Kistenmacher, H. u.a. (1989/90): Wissenschaftliches Gutachten zur Überprüfung des raumorderischen Instrumentariums im Hinblick auf seine Eignung für die Raumordnungs- und Entwicklungsplanung des Landes Hessen bis zum Jahr 2000. - Neuleiningen.

Kommission der Europäischen Gemeinschaften, Generaldirektion Regionalpolitik (1991): EUROPA 2000. Perspektiven der künftigen Raumordnung der Gemeinschaft. - Brüssel - Luxemburg.

Kunzmann, K. R. et al. (1992): Auswirkungen des europäischen Binnenmarktes auf die Raum- und Siedlungsstruktur in Westdeutschland. - Bonn (= Schriftenreihe "Forschung" des Bundesministeriums für Raumordnung, Bauwesen und Städtebau, Heft 488).

Schätzl, L. (^{4}1992): Wirtschaftsgeographie 1: Theorie. - Paderborn u.a.O. (= UTB 782).

Siebeck, J.E. (1992): Europa 2000. Vorstellungen der EG zur räumlichen Entwicklung in Europa unter besonderer Berücksichtigung der Veränderungen im Osten. - Raumforschung und Raumordnung 50: 99-106.

Sinz, M. (1992): Europäische Integration und Raumentwicklung in Deutschland. - Geographische Rundschau 44: 686-690.

Umlandverband Frankfurt (Ed., 1991): Internationale europäische Entwicklungen und die Region Rhein-Main. - Frankfurt/M.

Zimmermann, H. (1991): Zentrifugale und zentripetale Kräfte im Binnenmarktprozeß - das Spannungsverhältnis zwischen Zentrum und Peripherie. - **F. Franzmeyer (Ed.)**: Die Auswirkungen des Binnenmarktes auf die Entwicklung der Regionen in der Europäischen Gemeinschaft. Berlin: 13-51 (= Deutsches Institut für Wirtschaftsforschung, Sonderheft 146).

Die Agglomerationsproblematik aus Sicht des Ökonomen
- Anmerkungen zum Referat von Günter Mertins -

Alfred Schüller

1. Zur Problemstellung

In dem Referat von GÜNTER MERTINS wird mit Blick auf die EG eine zunehmende Konzentrierung von Menschen und wirtschaftlichen Tätigkeiten in bestimmten städtischen Räumen festgestellt. Dieser Vorgang wird als verstärkte
Agglomeration gedeutet. Die Ursache dieser Entwicklung wird unter anderem
auf folgende Einflüsse zurückgeführt:
- eine starke Beschleunigung der internationalen Arbeitsteilung und Verflechtung der Wirtschaft,
- eine zunehmende Konzentrierung wirtschaftsrelevanter Entscheidungen auf
  eine immer geringer werdende Zahl von Zentren.

Bei der Einschätzung der Vor- und Nachteile dieses Vorgangs, also der
positiven und negativen externen Effekte von Verdichtungsräumen, wird eher ein
negativer Saldo diagnostiziert. Daraus wird eine Politik der "Sicherung einer
dezentralen Raum- und Siedlungsstruktur" als notwendig gefolgert. Gleichzeitig
sollen interregionale Disparitäten abgebaut werden. Hierzu wird empfohlen, der
EG auf dem Gebiet der Raumordnung mehr Kompetenzen zu geben. Folgende
Fragenkomplexe drängen sich zunächst auf:
(1) Zur Diagnose: Welchen empirisch-wissenschaftlichen Gehalt hat die ange-
    führte Diagnose? Gibt es ein Orientierungsmaß, um optimale Standortgrößen
    im Raum zu bestimmen? Was macht den EG-Raum überhaupt zum Gemein-
    schaftsraum? Was sind Agglomerationen oder regionale Disparitäten? Wie
    sind sie entstanden? Welche sind erwünscht, welche nicht? Wie sind Entste-
    hung und Veränderung von Agglomerationen zu erklären? Wie sind Versu-
    che zu beurteilen, diesen Vorgang zu periodisieren?
(2) Zur Therapie: Wie könnte das geforderte "Europäische Leitbild für Raument-
    wicklung" als längerfristiger Orientierungsrahmen für die praktische Politik
    aussehen? Welche Mittel sind geeignet, um zielkonform handeln zu können?
    Wer soll Träger der Maßnahmen sein? Wie ist die Effizienz der Maßnahmen
    zu beurteilen?

Man wird unschwer erkennen, daß die aus der Perspektive des Geographen
aufgeworfenen Fragen auf Sachverhalten beruhen, die für die ökonomische
Theorie eine besondere Herausforderung darstellen. Dies vor allem dann, wenn
es darum geht, Erkenntnisse für die Entwicklung eines "Europäischen Leitbilds

für Raumentwicklung" und für die Möglichkeit zu gewinnen, dieses gleichsam als Kompaß für die politische Gestaltung zu nutzen.

2. Zur Standortgröße

Mit der Frage "Gibt es eine optimale Standortgröße?" tun sich die Ökonomen ebenso schwer wie mit der vorgelagerten Frage: "Gibt es einen optimalen Wirtschafts- und Währungsraum?" Beide Fragen sind verschieden miteinander verknüpft je nach dem, von welchem Integrationsmodell ausgegangen wird: Nach dem Maastrichter Vertrag soll z. B. die EG spätestens ab 1999 einen einheitlichen Währungsraum mit einer gemeinsamen Geldpolitik bilden. Hierzu sollen allerdings zunächst die Unterschiede im wirtschaftlichen Entwicklungsstand und in der Geldwertstabilität beseitigt werden. Eine solche Vorgabe wird auf die konkrete Kompaßfunktion des "Europäischen Leitbilds für Raumentwicklung" einen anderen Einfluß haben, als wenn man sagt: Wirtschaftliche Integrationsprozesse sollen sich im Wettbewerb der Märkte, der Währungen, der nationalen, regionalen und städtischen Regulierungssysteme vollziehen. Der Weg, der mit dem Vertrag von Maastricht beschritten werden soll, scheint eher in Richtung Zentralisierung statt Dezentralisierung der wirtschaftspolitischen Entscheidungen zu weisen.

Die Fülle unterschiedlicher Kriterien zur Beurteilung von Integrationsfragen der eingangs gestellten Art legt allein im Hinblick auf die wirtschaftliche Heterogenität der Zwölfergemeinschaft die Vermutung nahe, daß einheitliche Orientierungsmaßstäbe häufig verfehlt sein dürften. Von daher wird man der Empfehlung MERTINS gerne folgen, das Leitbild für die Europäische Raumordnungspolitik in wichtigen Grundzügen dezentral anzulegen. Was heißt aber dezentral?

3. Die Bedeutung des Wissens und die Ordnungsbedingtheit von Agglomerationserscheinungen

Beschleunigte Arbeitsteilung beruht auf einer entsprechenden Wissensteilung. Die Wirtschaftssubjekte, die zu disponieren haben, können sich immer weniger damit begnügen, nur ihre jeweils eigenen unvollständigen Kenntnisse zu nutzen. Sie benötigen zusätzliches Wissen von anderen Menschen des arbeitsteiligen Verkehrs. Man kann nun versuchen, die Bedeutung der zunehmenden Wissensgewinnung und Wissensteilung für die interessierende Frage der Agglomeration historisch, kostentheoretisch oder ordnungstheoretisch zu begründen.

Historisch kann man die Haupttriebkraft für nachhaltiges Wirtschaftswachstum in der systematischen Erfindungs- und Neuerungstätigkeit sehen. Diese hat bekanntlich um die Mitte des 18. Jahrhunderts eine ungeheure Beschleunigung

126

erfahren. In allen Bereichen menschlichen Lebens wurde damit ein rascher wirtschaftlicher und gesellschaftlicher Wandel und mit diesem ein nachhaltiges wirtschaftliches Wachstum ausgelöst. Die bis dahin breit gestreute agrarische Bevölkerung, die zu etwa 80% das Wirtschaftsgeschehen bestimmte, wurde von einer gewerblich-industriellen Produktionsgesellschaft abgelöst, und zwar in dem Maße, in dem es die Menschen in rasch wachsenden Städten auf ebenso schnell wachsenden Märkten verstanden, das Wissen in arbeitsteiligen Prozessen mit anderen zu teilen, das Verkehrswesen, den Handel, die Sammlung von Kapital, die Ausbildung der Menschen, die Staatsverwaltung effektiver zu entwickeln.

Im Lichte der Erkenntnisse der modernen *Transaktionskostenökonomik* wird man auch sagen können, daß mit der engeren "Tuchfühlung" der Menschen, die in rasch wachsenden Städten entsteht, die (Transaktions-)Kosten der Wissensgewinnung, der Wissensteilung und der Wissenskontrolle gesenkt und damit der Geltungsbereich lohnender Tauschbeziehungen mit steigendem Einkommen, zunehmenden Spar-, Investitions- und Wachstumsmöglichkeiten erweitert werden konnten.

Aus *ordnungstheoretischer* Sicht lassen sich räumliche Verdichtungen der Wirtschaftätigkeit als ordnungsbedingt begründen, und zwar in folgender Weise: Für die Möglichkeit, Wissen in einer Gesellschaft zu gewinnen, zu teilen und zu kontrollieren, gibt es prinzipiell zwei Methoden: die **Zentralisierung** und die **Dezentralisierung** von Wissen:

(1) Die *Suprematie der zentralen Wissensverwertung* bedeutet, daß die wichtigsten Umstände, die mit der Erzeugung und dem Verbrauch von Gütern zu tun haben, zur Angelegenheit des öffentlichen Rechts erklärt werden. Dies folgt sachnotwendig aus der Dominanz des staatlichen Eigentums an den Produktionsmitteln. Damit wird die Bildung von Verdichtungsräumen zu einer Angelegenheit der zentralen Wissensplanung, -lenkung und -verwaltung. Das für solche Systeme typische Denken in Zuwachsraten bei der industriellen Produktion und das zentral-administrative Interesse an einer planmäßigen und möglichst leicht beherrschbaren zentralen Wissensverwertung ist verbunden mit
   * einer forcierten Industrialisierung,
   * einer Bevorzugung der Investitionsgüterindustrie gegenüber dem Konsumgütersektor,
   * der Konzentration der industriellen Produktion auf vergleichsweise wenige Großbetriebe (Kombinate),
   * dem Ausbau der Großstädte zu Standorten der Schwerindustrie.

In diesem Zusammenhang wird von einer Affinität zwischen Zentralverwaltungswirtschaft und räumlicher Konzentration von Industriebetrieben und -beschäftigten gesprochen. Die Betriebsleiter suchen ihren Lagevorteil in der Nähe der administrativen Zentren, um bei der Mittelverteilung die Nase vorne zu haben. Eine starke Unternehmenskonzentration bietet den Zentralinstanzen die Möglichkeit, die bei der Planung der Zweig- und Volkswirtschaftsprozesse aufzuwendenden Such-, Aushandlungs- und Kontrollkosten (Transaktionskosten) zu senken. Außerdem besteht in den Großstädten, vor allem den Hauptstädten, eine starke Konzentration des Hochschulwesens und der wissenschaftlichen Forschungseinrichtungen. Die politisch und organisationstechnisch begründete Agglomeration von Industriebetrieben verstärkt durch die Methode der Spezialisierung und Kooperation im Rat für gegenseitige Wirtschaftshilfe (RGW) hat dazu geführt, daß ganze Regionen oder Städte eine industrielle Monostruktur aufweisen und von einem oder wenigen Arbeitgebern abhängig geworden sind. Die Kollektivierung und forcierte Industrialisierung waren insgesamt mit einer Binnenwanderung zugunsten der traditionellen Industriezentren verbunden. Bei der Transformationspolitik geht es jetzt darum, die Chance einer dezentralisierten Wissens- und Arbeitsteilung mit einer stärkeren Verflechtung aller Betriebe zu nutzen. Parallel hierzu werden die wirtschaftspolitischen Entscheidungen im Hinblick auf die den neuen Bundesländern eingeräumten Kompetenzen ebenfalls stärker dezentralisiert. Der Streit um die überkommenen "Industriekerne" ist eine Auseinandersetzung um die Frage, ob die bisherigen Agglomerationen vom Markt oder vom Staat bestätigt und finanziell getragen werden sollen und wie weit bisherige Agglomerationsvorteile der alten Industriezentren (etwa aufgrund der Infrastruktur und der Ausbildung der Beschäftigten) im unvermeidlichen Prozeß des Neuaufbaus der Wirtschaft fortwirken.

Die *Ordnungsbedingtheit* von Verdichtungsräumen ist damit hinreichend aufgezeigt. Aus diesem Begründungszusammenhang ist auch zu erklären, warum bis Anfang der sechziger Jahre in Deutschland die klassischen Zweige der Schwerindustrie räumlich stark konzentriert waren. Dies war die Konsequenz einer seit den zwanziger Jahren betriebenen Protektionspolitik, die dann nach dem Zweiten Weltkrieg durch die Montanunion weitergeführt wurde. Auch die starke Konzentrationsförderung in Frankreich im Bereich der Schlüssel- oder Basisindustrien erklärt sich aus einer zentralistischen Staats- und Wirtschaftsgesinnung. Diese hat in der Planification ihren konzeptionellen Ausdruck gefunden. In Deutschland ist vor allem nach dem Zweiten Weltkrieg durch den föderalistischen Staatsaufbau eine größere Vielfalt unterschiedlich verdichteter Wirtschaftsräume (Hamburg, Köln, München, Stuttgart, Frankfurt) entstanden. Im System der zentralen Wissensverwertung wurde im übrigen die Standortpolitik als machtvolles Instrument eingesetzt, um durch gezielte Gesellschaftspolitik (Proletarisierung der Bevölkerung) das politische System zu stärken. Hierfür ist Nova Huta bei Krakau ein Paradebeispiel.

(2) Die Konsequenzen *dezentraler Wissensverwertung* für die Standortqualitäten sind aus dem Ordnungszusammenhang von Märkten und Preisen einer-

seits und politischer Entscheidungsprozesse in einer Demokratie andererseits zu begreifen.

Der *Rechtsschutzstaat* beeinflußt je nach seiner effektiven Reichweite grundlegend die einzelwirtschaftliche Standortwahl. Der Geltungsbereich des Rechtsschutzes, vor allem hinsichtlich des Eigentums, ist identisch mit den Zentren oder Regionen lohnender wirtschaftlicher Aktivitäten. Mit zunehmender Entfernung vom Zentrum des Rechtsschutzstaates und seiner Einflußintensität nimmt erfahrungsgemäß auch die Wirtschaftstätigkeit ab (Beispiele: Zonenrandgebiet in Deutschland, Nord- und Süditalien). Es liegt also nahe, in wirtschaftlichen Verdichtungsräumen Räume gesicherten Rechts zu sehen. Innerhalb dieses Rechtsrahmens entwickelt die Privatwirtschaft in einem Prozeß der spontanen Ordnungsbildung Institutionen (Firmen, Firmenverbindungen, Handwerks-, Handels- und Industrieverbände, regionale Zusammenballungen von verwandten und unterstützenden Branchen, Datenbanken, technische und ökonomische Ausbildungszentren, branchenorientierte Informationsquellen, Finanz- und Versicherungsinstitutionen usw.). Alle diese Institutionen dienen der Internalisierung von externen Effekten. Konkret geht es hierbei darum, die Kosten der dezentralen Wissensgewinnung, -teilung und -kontrolle zu minimieren und dadurch Ungewißheit abzubauen. Wie kommt es dabei zu örtlichen Zusammenballungen von Firmen?

Die unternehmerische Nutzung von Standortvorteilen im Raum kann sich beziehen auf
- das Wissen um natürliche Standortvorteile (Ressourcen, Klima, günstige Verkehrslage),
- Produktivitätsvorteile aus der Arbeitsteilung auf engstem Raum. Michael PORTER (1991) zeigt am Beispiel von Japan, Deutschland, der Schweiz und den USA die Entstehung bestimmter hochverdichteter Regionen, die der Internalisierung technischer, ökonomischer und organisatorischer Externalitäten zuzuschreiben sind, die die örtliche Nähe als Voraussetzung haben. Dies sind im Grunde die "Fühlungsvorteile" (A. WEBER), die bereits oben im Zusammenhang mit der historischen Erklärung angeführt wurden.

4. Ökonomische Grenzen der Agglomeration

Die Konzentration von Menschen und Tätigkeiten in bestimmten Räumen muß sich nicht beliebig fortsetzen. Es gibt ökonomische Gründe für Prozesse der Dekonzentration und damit Grenzen der räumlichen Konzentration:
- Der Standortvorteil "staatlicher Eigentumsschutz" kann bei extremer Bevölkerungsverdichtung durch überproportional ansteigende Kosten des Rechtsschutzstaates aufgezehrt werden.

- Es gibt natürliche Grenzen für Standortvorteile (Wassermangel, Luftverschmutzung, Lärmbelästigung, Bodenverknappung, Entsorgungsfähigkeit, Abwärme, steigende Produktionsabfälle, Schadstoffe).
- In einer wachsenden Wirtschaft verteuert sich regelmäßig der Boden relativ. Die relativen Preise der Güter und Leistungen, die in besonderem Maße auf den Faktor Boden angewiesen sind, steigen infolgedessen. Deshalb ist auch der Anstieg der realen Mieten langfristig unvermeidlich.
- Die Produktivitätsvorteile aus der Fühlungsdichte zwischen Firmen und Branchen sind in dem Maße begrenzt, in dem in einem Gebiet stagnierende und rückläufige Markttendenzen stärker sind als die expandierenden Kräfte. Hierfür ist das Verhältnis von konservativen und kreativen Unternehmern in einem Wirtschaftsraum ausschlaggebend. Von daher sind nationale und internationale Umschichtungen in der räumlichen Konzentration Ausdruck dafür, daß die Wissens- und Arbeitsteilung bei national und international freien Märkten ein offener Prozeß ist.

5. Der Einfluß politischer Entscheidungsprozesse

Die ökonomischen Agglomerationsgrenzen werden häufig unter dem Einfluß der politischen Entscheidungsprozesse in der Demokratie erheblich hinausgeschoben. In diesem Zusammenhang werden Fehlinformationen und Fehlanreize produziert, die negativen Agglomerationsfolgen Vorschub leisten. Die Gründe hierfür sind vor allem die folgenden:
- Das Umschlagen positiver externer Effekte in negative externe Effekte löst keine dekonzentrierenden Verhaltensänderungen aus, wenn die Knappheitsverhältnisse auf den jeweiligen Märkten nicht richtig widergespiegelt werden und damit die Verteuerung eines Standorts individuell nicht oder nicht hinreichend angelastet wird. Die Wanderung führt nur dann zu ökonomisch optimalen (knappheitsgerechten) Zuständen, wenn die Individuen dort leben, wo das von ihnen gewünschte Bündel an privat und staatlich bereitgestellten Gütern angeboten und von den Nachfragern finanziert wird. Die realen Kosten der örtlich verwendeten Ressourcen gehen aber häufig nicht oder nicht vollständig in die Kalkulation der Wirtschaftssubjekte ein. Dies gilt vor allem dann, wenn die Folgekosten der Agglomeration nach dem *Gemeinlastprinzip* von der öffentlichen Hand übernommen, von dieser vielleicht sogar auf das Umland abgewälzt werden. Die mit dem Gemeinlastprinzip verbundene Verschleierung der Standortkosten übt eine künstliche Anziehungskraft aus. Mit diesem Finanzierungskonzept wird jedenfalls verhindert, daß negative Agglomerationsfolgen präventiv ausgeschlossen werden:
- Der Zuzug von Firmen in die Großstädte wird künstlich verstärkt, wenn das Prinzip gleicher Lohn für gleiche Arbeit unabhängig von den Knappheitsver-

hältnissen gilt. Die Ballungsräume senden dann Informationen aus, die die Kalkulation der wanderungswilligen Arbeitnehmer verzerren. Dann wird die Agglomeration einerseits beschleunigt, andererseits entsteht eine wirtschaftliche Entleerung des Raumes mit Arbeitslosigkeit. Die Lohnpolitik im vereinigten Deutschland mit einer extremen Form der Abkoppelung der Lohnkosten von der Arbeitsproduktivität ist hierfür ein Beispiel.

- Der Zuzug in die Großstadt wird auch extrem verstärkt, wenn Sozialwohnungen in Großstädten weit höher subventioniert werden als vergleichbare Wohnungen in kleineren Gemeinden und wenn Mieter von Großstadtwohnungen höheres Wohngeld erhalten als Mieter vergleichbarer Wohnungen in ländlichen Gegenden (vgl. HAMM 1993: 15).

- Die Zuwanderung wird angereizt, wenn die Zuwandernden sofortigen Anspruch auf Sozialleistungen haben, ohne einen Finanzierungsbeitrag geleistet zu haben.

- Der Staat beteiligt die Bürger nicht oder nur teilweise an den örtlichen Infrastrukturkosten, verfälscht insoweit unter Umständen den interregionalen Standortwettbewerb.

6. Zum "Europäischen Leitbild für Raumentwicklung"

Gegenstand eines solchen Leitbildes könnten zum Beispiel sein:
Regeln für eine systematische Individualisierung negativer externer Effekte, die von verdichteten Wirtschaftsräumen ausgehen können.

Empfehlung einer *europäischen Verfassung des Wettbewerbs,* und zwar nicht nur für das private, sondern auch für das staatliche Güter- und Leistungsangebot nach dem Subsidiaritäts und Kostendeckungsprinzip. Das bedeutet die Vorgabe einer umfassenden Präferenz für das Wettbewerbsprinzip gegenüber dem Prinzip der ex ante-Harmonisierung. Dezentralisierung in diesem Verständnis verbessert die Chancen und erhöht die Anreize, sich über die Vor- und Nachteile der Ansiedlung in alternativen Räumen zu informieren.

Für übergeordnete staatliche Aufgaben, etwa im Bereich der Fernverkehrswege, sind hochkonzentrierte Investitionsentscheidungen unvermeidlich. Hierfür sind kooperative Entscheidungsverfahren nach dem Einstimmigkeitsprinzip zweckmäßiger als supranationale Entscheidungskompetenzen, solange die politische Union nicht besteht.

Das Konzept einer "Europäischen Verfassung des Wettbewerbs" als Mittel zum Abbau interregionaler Disparitäten wird in Frage gestellt, wenn versucht wird, den Arbeitnehmerstatus in den weniger entwickelten EG-Ländern den arbeitsrechtlichen Höchststandards beschleunigt anzupassen, ohne die Lage der Betriebe und den Stand der Arbeitsproduktivität in den betreffenden Ländern hinreichend zu berücksichtigen. Mit der schematischen Anpassung soll verhindert werden, daß der Wettbewerb in der EG eine tendenzielle Angleichung der Lohn- und Sozialleistungen zugunsten der zurückliegenden Länder begünstigt. In der Bundesrepublik wird zum Beispiel gegen dieses marktmäßige Verfahren der Angleichung, die dem Konzept einer "Europäischen Verfassung des Wettbewerbs" folgt, der Vorwurf des *Sozialdumping* erhoben. Dadurch wird der marktmäßige Abbau der regionalen Disparitäten erschwert.

Auch die *Industriepolitik* der EG steht im Verdacht, vom Ansatz her Ballungstendenzen zu fördern. Sie weist eine sektorale Orientierung auf und steht damit im Widerspruch zu den prinzipiell konzentrationsfeindlichen Wettbewerbsvorschriften des EG-Vertrages. Die Industriepolitik ist so angelegt, daß einzelstaatliche Interventionen und Subventionen mit einer häufig auch räumlichen Konzentrationswirkung nicht abgeschafft, sondern aufeinander abgestimmt und vergemeinschaftet werden. Die räumlichen Disparitäten werden zunehmen.

7. Zur Effizienz der EG-Regionalpolitik

Der Aufbau und die bereits eingeleitete Intensivierung der EG-Regionalpolitik sollen dem Abbau wirtschaftlicher Disparitäten zwischen den Mitgliedsländern dienen. Im Vordergrund steht dabei die Methode der selektiven Regionalförderung. Diese Vorgehensweise steht nun aber im Verdacht, den notwendigen Strukturwandel zu erschweren und entgegen dem angestrebten Ziel das Wirtschaftswachstum außerhalb der Ballungsräume nicht zu begünstigen:

- Die Feststellung sogenannter regionaler Nachteile oder interregionaler Disparitäten richtet sich meist nach willkürlich deutbaren Kriterien. Hierbei besteht ein fast unbegrenzter Spielraum für diskretionäre politische oder administrative Entscheidungen.
- Der Grund hierfür ist: Der Regionalpolitik mangelt es an hinreichenden theoretischen Grundlagen. Deshalb fallen viele ihrer Maßnahmen weder problem- noch ursachengerecht aus. Nicht wenige Maßnahmen behindern die regionale Entwicklung mehr, als daß sie sie fördern. Dies besonders dann, wenn sie unternehmerische Anstrengungen und Findigkeiten erlahmen lassen.
- Staatliche Stellen können nicht wissen, wie sich die wirtschaftliche Dynamik regional entwickeln wird und von welchen Faktoren sie abhängt. Wie wirkt etwa eine bestimmte EG-Förderung in Spanien auf vergleichbare Eigenanstrengungen in Portugal?
- Mangels überzeugender Kriterien läßt sich das Ausmaß des regionalen Förderungsbedarfs beliebig begründen.

Die Kommission strebt eine Ausweitung der Fördermittel von derzeit 18,6 Mrd. ECU auf jährlich 29,3 Mrd. ECU im Jahre 1997 an. Die Südländer in der

EG wittern in diesen finanziellen Perspektiven eine Chance, sich die Zustimmung zur Osterweiterung der EG mit einer kräftigen Aufstockung der entsprechenden Mittel abkaufen zu lassen. Ob dieses Bargaining einen integrationspolitischen Fortschritt bringt, ist zweifelhaft. Denn, wie oben festgestellt, ist die Effizienz der Regionalpolitik selbst fragwürdig. Gleichwohl geht die Kommission von einer günstigen Prognose der Regionalförderung aus. Sie erwartet, daß allein für den Zeitraum 1989 bis 1993 in den vorrangig geförderten Regionen insgesamt 500.000 Arbeitsplätze geschaffen werden können. Solche Erfolgsmeldungen stoßen jedoch auf erhebliche Zweifel. Obwohl die entsprechende Förderung für Portugal, Griechenland und Irland 2,3 bis 3,5% des Bruttoinlandsprodukts dieser Länder ausmacht, wird vermutet, daß nur Nachfrageschübe mit kurzfristiger Wirkung ausgelöst werden. Hierbei ist damit zu rechnen, daß beispielsweise in Griechenland vor allem Athen davon profitieren wird. Mit Recht wird moniert, daß die EG-Kommission wenig Bereitschaft zur Selbstkritik bei der Bewertung ihrer Regionalpolitik zeigt (RIDINGER 1992: 652). Das hält die Kommission nicht davon ab, den Bereich von förderungsfähigen Maßnahmen auf weitere Gebiete (Bildungs- und Gesundheitswesen, Entfaltung des Kulturlebens, Stärkung der Wettbewerbsfähigkeit der Industrie und des Fremdenverkehrs) auszudehnen. Auch sollen weitere Regionen als förderungswürdig erklärt werden. Die Kommission versucht damit, ihre Tatkraft zu beweisen und sich beliebt zu machen. Dabei dürfte nicht ausgeschlossen sein, daß das, was durch die Regionalpolitik geheilt werden soll, durch andere integrationspolitische Maßnahmen verursacht worden ist, deren Fern und Nebenwirkungen nicht hinreichend bedacht worden sind. Dem Fehler in dem einen Bereich wird damit durch einen Fehler in einem anderen Bereich beizukommen versucht.

The Problem of Agglomeration from the Viewpoint of an Economist
- Comments on the Paper by Günter Mertins -

Alfred Schüller

1. Problem Outline

In the paper of Günter Mertins he elaborates on the increasing concentration of humans and of economic activities in certain urban areas of the European Community. This process is interpreted as increasing agglomeration. This development is attributed among other things to the following influences:

• A strong acceleration of international specialisation and interlinking/interdependencies of economies.
• A growing concentration of economically relevant decision making in a constantly decreasing number of centres.

In the assessment of the pros and cons of this process, that is to say the positive and the negative external effects of agglomerations, a rather negative balance is diagnosed. From this it is deduced that a policy of "securing a decentralized spatial and settlement structure" is necessary. At the same time regional disparities are to be diminished. To do this it is recommended that the European Community be given greater powers in the area of regional planning. The following question set suggests itself:

(1) With regard to diagnosis: Which empirical-scientific content supports the diagnosis? Is there a measure of orientation to determine optimal spatial locational size? What transforms the European Community area into communal space? What are agglomerations and what are regional disparities? How did they come about? Which are desired and which are not? How can the genesis and change of agglomerations be explained? How can one assess attempts to periodize this process?
(2) With regard to therapy: How would this proposed "European principles for regional development", meant to serve as a long-term orientational framework for practical policies, look? Which means are appropriate to be able to act in conformity with the aims? Who is supposed to be responsible for the measures? How can the efficiency of the measures be assessed?

It is not difficult to see that the questions that arise from this, seen from the standpoint of a geographer, are based upon matters that are a particular challenge for economic theory. More so, if it is the intention to gain knowledge for the development of "Principles for European Regional Development" and even more, if it is to be used as a compass for determining political directions.

2. Location size

Economists have an equally hard time answering the question "Is there an optimal location size?" as answering the logically preceding question "Is there an optimal economic and currency area?" Both questions are differently interrelated depending upon which integration model is used: The Maastricht Treaty requires that the EC develops a common unitary currency area together with a common monetary policy before, at the latest, 1999. First of all to do this there has to be a removal of the existing differences in economic development and monetary stability. Such a precept would have an influence on the definitive compass function of the "Principles for European Regional Development" as if someone were to say: the economic integration process will take place in the competitive market, with competitive currencies and with competitve national, regional and local government regulatory systems. The road indicated by the Maastricht Treaty seems to be in the direction of centralized rather than decentralised economic policy decision making.

Bearing in mind that a whole host of different criteria can be used for the assessment of integration matters of this kind if only with regard to the heterogeneity of the twelve, it is reasonable to assume that standardized orientation criteria will often fail. It follows from this that one wishing to follow Mertins's recommendations has to accept that the guide line for a European Regional Planning Policy, in its essentials, has to be established in a decentralized way. But what does decentralized mean?

3. The importance of knowledge and the dependence of agglomerations on the economic order

Accelerated division of labour is based upon a relevant sharing of knowledge. The economically active people faced with planning decisions were no longer able to rely upon their incomplete knowledge. They needed information from those others also engaged in the process of labour divison. One can attempt to explain the importance of the increasing problem of gaining and sharing of knowledge regarding to the question of agglomeration on the basis of an historical explanation and transaction cost theory or on the basis to those factors referring to German "Ordnungstheorie".

Historically the main driving forces for economic growth have been systematic invention and innovation. These, as everyone knows, underwent enormous acceleration in the middle of the 18th century. This caused a rapid economic and societal change in all fields of human life which resulted in sustainable economic growth. The widely dispersed agrarian population which represented 80% of the economically active population were transformed into an industrial and trade-based production society. These people came to understand knowledge sharing because of the division of labour in market processes and this also in rapidly growing cities.They developed more efficient transport systems, trade systems, systems for the accumulation of capital, education and training systems and state administration systems together with a rapidly expanding market.

In the light of the insights of modern *transaction cost theory* one can also say that the proximity of other people which arises in rapidly growing cities leads to a reduction of the cost of gaining, sharing and managing the knowledge and with this the expansion of the field of profitable exchange relationships which would lead to increasing income, savings, investment and growth possibilities.

With reference to the *German "Ordnungstheorie",* the regional concentration of economic activity can be explained in the following way: there are in principle two methods of gaining, sharing and managing knowledge in a society: central-isation and decentralisation of knowledge:

(1) The *supremacy of centralised utilisation of knowledge* means that the most important circumstances which deal with the production and consumption of goods become matters of public right. This follows necessarily from the public ownership of the means of production. With this the development of regional agglomerations becomes a matter of centralized planning, guiding and administration of knowledge. The concentration of thinking on growth rates in industrial production and the central-administrative preoccupation with schedules and the most simply managed central use of knowledge is combined with

- a forced industrialisation,
- a preferance for capital goods industry as against consumer goods sector,
- the concentration of industrial production in comparably less conglom-erations (combines),
- the development of large city zones of heavy industry.

In this context one talks of an affinity between centrally planned economies and regional concentration of industrial concerns and employees. The business managers seek their location advantages in the central administrative locality in order to insure their share of financial resources. A strong concentration of businesses offers the possibility to the central authority while planning the sector and national economic processes of a reduced sourcing, negotiating and manage-ment cost spend (transaction costs). Furthermore there exists in the big cities, particularly in the capitals, a strong concentration of higher education and scien-tific research institutions. The agglomeration of industrial concerns is caused by political and organisational technical influences - strengthened through the spe-cialisation and cooperation method in the Council for Mutual Economic Assis-tence (CMEA). This has led to the fact that whole cities and regions demonstrate an industrial monostructure and are dependent upon one or a few employers. The collectivisation and forced industrialisation was combined in total with an internal relocation in favour of traditional industries. This transformation policy has to use the opportunity of decentralised knowledge and division of labour with a strong integration of all businesses. Parallel with this the economic policy decisions with regard to the new "Bundesländer" according to the competences given to them, will be strongly decentralised. The struggle to overcome the industrial nucleus is a struggle over the question of whether the market or the state should reinforce and financially support the established agglomerations and to what extent the current agglomeration advantages of the old industrial areas with regard to the infrastructure and the training of the employees will feature in the inevitable process of redeveloping the economy.

The *dependence* of spatial agglomerations *on the economic order* is thus demonstrated sufficiently. It is from this causal chain that we can explain why the classic sectors of heavy industry in Germany were so strongly spatially concentrated up to the beginning of the sixties. This was the consequence of protectionistic policies started in the twenties and continued after World War Two by the "European Coal and Steel Community" (ECSC). The strong support for concentration in France's key and base industries can be explained as coming from a centralistic mind-set regarding the State and the economy. It found its expression in "Planification" (Indicative National Economic Planning). In Germany it was particularly the federalist structure of the State which brought about a number of economic areas with differing densities (Hamburg, Köln, München, Stuttgart, Frankfurt) after World War Two. Incidently, within the system of centralised useage of knowledge, location policies were used as a powerful instrument in order to strengthen the political system through directed societal policies (Proletarisation of the population). Nova Huta, near Krakau, is a prime example of this.

(2) What consequences a *decentralized use of knowledge* might have for locational qualities can be understood from the organisational context of markets and prices on the one side and political decision making processes on the other.

The *protective state fundamentally influences* the individual's choice of business location according to its effective reach. The effective area of legal protection, particularly with regard to property, is identical with centres or regions of economically rewarding activities. Usually economic activity decreases with the increasing distance from the centre of the protective state and its highest intensity of influence (Examples: the border area between the old East and West Germany, Northern and Southern Italy). So it seems logical to see areas of dense economic activity as areas of secure legal rights. Within this legal framework, the private sector develops institutions in a process of spontaneous organisation (firms, conglomerates, associations of craftsmen, of traders and industrial associations, regional agglomerations of related or mutually supportive interests, data-banks, technical and economic training institutions, interest oriented sources of information, financing and insurance institutions etc.). All these institutions serve the purpose of internalising external effects. More precisely this means minimising the costs of gaining, sharing and managing knowledge and to reduce uncertainty in doing so. How does that lead to local agglomeration of business enterprises?

The use of locational advantages of space can be based upon

- the knowledge of natural locational advantages (resources, climate, favourable traffic situation),
- advantages in terms of productivity coming from specialisation within close proximity. Michael PORTER (1991), using Japan, Germany, Switzerland and the USA as examples, shows the genesis of certain highly condensed regions, a genesis which could be attributed to the internalisation of external technical, economic and organisational factors, which in turn are based on spatial proximity.

4. Economic limits of agglomeration

The concentration of humans and activities in certain areas does not have to continue ad infinitum. There are economic reasons for processes of deconcentration and thus there are limits to spatial concentration:

- The locational advantage of "property protection by the state" can be eroded by disproportional increases in the costs for the maintenance of the protective state in cases of extreme population density.
- There are natural limits for locational advantages (lack of water, air-pollution, noise-pollution, scarcity of ground, disposal problems, localised heating effects, growing industrial waste, damaging emissions).
- Relative land prices increase regularly in a growing economy. As a consequence the relative prices of goods and services reliant on the factor of ground must also increase. That is why an increase in real longterm rentals is unavoidable.
- The advantages in production which come about from the close proximity of enterprises and different subsectors are limited to that degree to which stagnating and contracting market trends are more powerful than expansionary forces within a given area. This is dependant upon the ratio of conservative to creative entrepreneurs in the same economic area. Following this argument, national and international changes in spatial concentration are an expression of the fact that the division of knowledge and labour in nationally and internationally free markets is an open process.

5. The influence of political decision-making processes

The limits to agglomeration are often extended under the influence of political decision making processes in democracies. Wrong information and incentives which encourage negative consequences of agglomerations are produced in the course of this. The reasons for this are particularly the following:

- The reversal of positive external effects to negative ones doesn't produce behavioural changes toward deconcentration if the ratios of scarcity are not reflected in the markets concerned and thus a price escalation of a location is either not at all, or only insufficiently, attributed individually. The migration only leads to economically optimal (scarcity related) conditions, if individuals live where they are offered the relevant range of privately and publically produced goods that they seek and that the latter is financed by demand. The real cost of locally utilised resources are often not or not fully reflected in the calculations of the economic subjects. This is particularly true when consequential costs of agglomeration are carried by the public sector according to the principle of "Gemeinlast" (common burden) or perhaps even passed on by it to the surrounding areas. The obscuration of location costs which accompanies the "common burden-principle" creates an artificial attraction. The use of this financing concept avoids the preventativ exclusion of negativ agglomeration consequences:

- The move of business enterprises into the major cities is artificially re-inforced if the principle of equal pay for equal work is maintained irrespective of scarcity ratios. The areas of conurbation send information signals which distort the calculations of migration intent employees. Then agglomeration is speeded up, while on the other hand, an economic void with concurrent unemployment is formed. Wage policy, in re-unified Germany, with its extreme form of divorcing labour costs from labour productivity is an example for this.

- Migration into the major cities is also substantially increased if flats for the socio-economically deprived are subsidised at a higher rate in major cities than comparable flats in smaller communities and if tenants of flats in major cities can obtain higher rental aid grants than tenants in comparable flats in rural areas (see HAMM 1993: 15).

- Migration is made more attractive if migrants are eligible for social welfare payments without themselves having contributed to the relevant funds before.

- Under certain circumstances interregional location competition is distorted by the State not requiring its citiziens to bear or at least partially bear the infrastructural costs.

6. Toward "European Principles for Regional Development"

Contents of such a model could for example be:

- *Guidelines for the systematic individualisation* of those negative external effects which can be brought about by condensed economic areas.
- Support for a *European Constitution of Competition,* not just for the private but also for the public sector generated supply of goods and services according to the principles of subsidiarity and cost-coverage. This means the prescription of a comprehensive preference for the principle of competition over the principle of ex ante harmonisation. Decentralisation, in this context, increases opportunities and increases the number of incentives to acquire information about the pros and cons of settling in alternative areas.
- Highly concentrated decisions on investments are inevitable for overriding public tasks, for example with regard to traffic routes. As long as the political union does not exist, co-operative decision making processes are to be favoured for such questions rather than supra-national decision competencies.

The concept of a "European Constitution of Competition" as a means of reducing interregional disparities is questioned when one attempts to adapt, with increased speed, the status of employees in the lesser developed EC countries to the highest legal standards in labour-relations, without sufficiently considering the situation of enterprises and the level of labour productivity reached in the countries concerned. With this schematic adjustment the aim would be to prevent the tendency, in the competition in the EC, towards promoting wage and social costs in favour of the economically weak countries. In Germany, as an example, against this market-oriented process of adjustment, which follows the concept of a "European Constitution of Competition", there has been the accusation of social dumping. This makes it more difficult to remove the regional disparities.

Also the *industrial policy* of the EC is suspected of basically promoting concentration tendencies. It shows a sectoral orientation and is therefore in contradiction in principle to the anti-concentration regulations of the EC-treaty. The industrial policy is such that national interventions and subsidies very often with regional concentration effects are not abolished, but rather harmonise with each other and become community wide. The regional disparities will increase.

7. The efficiency of EC-regional policies

The evolution of, and the intensification of the existing, EC- regional policies should serve to remove the economic disparities between the member states. Foremost within these stands the method of selective regional promotion. This process is suspected to make the necessary structural change more difficult and -

against the aspired aim - not to promote economic growth outside the concentrations:

- The ascertainment of so-called regional disadvantages or inter-regional disparities is directly related to arbitarily interpreted criteria. With this there is almost unlimited room to make discretionary political or administrative decisions.
- The reason for this is that the regional policies are lacking in sufficient theoretical basics. And thus many of their measures are neither appropriate to the problem nor the cause. Many measures hinder regional development to a greater degree than they promote it. This is particularly the case when they paralyse enterpreneurial efforts and innovations.
- State departments cannot know how the economic dynamics are going to develop regionally nor which factors they depend on. How, for example, is a certain EC promotion for Spain going to effect comparable local efforts in Portugal?
- Although convincing criteria are lacking the extent of regional needs for promotion can be reasoned for arbitarily.

The commission is looking for an increase of the budget from the existing 18,6 Mrd. ECU per year up to 29,3 Mrd. ECU annually in 1997. The southern states of the EC see in these financial perspectives a chance to exchange their approval for Eastern expansion of the EC with a substantial replenishment of their budget.Whether this bargain will lead to progress in integration policies is doubtful. But then, the efficiency of those same regional policies is in itself in doubt. Nevertheless the commission has given the outcome of the regional promotion a favourable prognosis. It expects that for the time period 1989 to 1993 alone, in those most heavily promoted regions to achieve a growth in employment activities of 500.000. Such announcements of success are to be doubted. Although the stated promotion for Portugal, Greece and Ireland represents 2,3 to 3,5% of the gross national product of these countries, one can assume that only sudden demands with short-term effects will be the case. Under these circumstances, it can be expected that for example in Greece, Athens will profit preferentially. With some justification it is said that the EC-commission is reluctant to use self criticism with regard to its regional policies (RIDINGER 1992: 652). This fact does not hinder the commission in expanding its areas of interest in a wider area of promotable matters (education and health-services, encouragement of cultural activities, the competitive ability of industry and tourist traffic). Also it considers even more areas to be promotable. The commission tries in this way to demonstrate their competence and to earn respect. But it cannot be excluded that in those cases where regional policy seems to have been succesful, other integrational policy aspects may have been instrumental, the effects and side effects of which have not been sufficiently foreseen. One tries to correct a mistake in one area by making a mistake in another area.

Literatur/Bibliography

Borchardt, K. (1967): Europas Wirtschaftsgeschichte - ein Modell für Entwicklungsländer? - Stuttgart - Berlin - Köln - Mainz.

Gaebe, W. (1991): Agglomerationen in West- und Osteuropa. Johann-Gottfried-Herder-Institut (Hrsg.): Agglomerationen in West und Ost. - Marburg. (Band 16 der "Wirtschafts- und Sozialwissenschaftlichen Ostmitteleuropa-Studien").

Giersch, H. (1990): Thünen-Vorlesung. - Zeitschrift für Wirtschafts- und Sozialwissenschaften, Heft 1: 1-19.

Hamm, W. (1993): Die sozial verteuerte Wohnungsnot. Frankfurter Allgemeine Zeitung, Nr. 81 vom 06.04.1993: 15.

Porter, M. E. (1991): Nationale Wettbewerbsvorteile. Erfolgreich konkurrieren auf dem Weltmarkt. - München.

Ridinger, R. (1992): Aktuelle Diskussionen zur Finanzausstattung und Reform der EG-Regionalförderung. Wirtschaftsdienst, Heft XII: 649-654.

Raumnutzungskonzeptionen für strukturschwache Regionen in der Europäischen Gemeinschaft

Theo Schiller

1. Allgemeines

In der aktuellen Europadiskussion genießen die strukturschwachen Regionen große Aufmerksamkeit. Bereits nach dem Beitritt Großbritanniens, Irlands und Dänemarks in den 70er Jahren und erneut nach dem Beitritt Griechenlands, Spaniens und Portugals in den frühen 80er Jahren sollte die Integration durch regional- und sozialpolitische Maßnahmen erleichtert werden. Die neuerliche Diskussion wurde jedoch nicht durch eine Erweiterung, sondern durch die Vertiefung der EG-Integration durch das Binnenmarktprojekt ausgelöst. Die mutmaßliche Verstärkung der Agglomerationen und Schwächung der peripheren Gebiete durch den Binnenmarkt - perspektivisch durch die Entwicklungen zu einer Währungsunion noch intensiviert - soll durch Kompensationsmaßnahmen aufgefangen werden. Dem dient nach dem Beschluß von Maastricht die Verdoppelung der Strukturfonds und ein neuer "Kohäsionsfonds" zugunsten der schwächsten Mitgliedsstaaten. Die mit "Europa 2000" begonnene europäische Raumordnungsdiskussion konzentriert sich allerdings auf die Folgeprobleme für die Agglomerationsräume, während die strukturschwachen Räume weniger Aufmerksamkeit erfahren. Dies gilt auch für die vorliegenden deutschen Stellungnahmen des Bundesministers für Raumordnung, Bauwesen und Städtebau (mit Zustimmung der Ministerkonferenz für Raumordnung) und des Bundesrates (jeweils Ende 1992).

1. "Strukturschwache Regionen" sind bisher durch die Regionalpolitik der EG als Fördergebiete der Strukturfonds definiert: (1) Regionen mit Entwicklungsrückstand (BIP/Einwohner < 75% des EG-Durchschnitts (Ziel-1-Regionen); (2) Industrieregionen mit Umstellungsproblemen (Ziel-2-Regionen); (3) Regionen mit landwirtschaftlichen Strukturproblemen (Ziel-5b-Regionen). Strukturschwach sind häufig die agglomerationsfernen Räume einschließlich der Berggebiete und des größeren Teils der Küstengebiete und Inseln (in der Terminologie von "Europa 2000"). Griechenland, Portugal und Irland werden ingesamt als strukturschwach definiert, ebenso Südwestspanien, Süditalien sowie Nordirland und einige nordbritische Gebiete; inzwischen außerdem die gesamten neuen Bundesländer Deutschlands. Ziel-1-Gebiete umfassen ca. 21% (ohne Ostdeutschland), 5b-Gebiete ca. 5% der EG-Bevölkerung. (Ziel-2-Gebiete werden im folgenden weitgehend ausgeklammert).

2. "Raumordnungspolitik" und "Regionalpolitik" müssen sorgfältig unterschieden werden. "Raumordnung" bezieht sich auf umfassende Nutzungsvorstellungen und eine komplexe Zielstruktur mehrerer Fachpolitiken. Hingegen ist Regionalpolitik mit ihrem Grundbegriff der "strukturschwachen Region" von vornherein auf die Überwindung dieser Strukturschwäche durch "Entwicklung", also durch die Verbesserung der wirtschaftlichen Nutzung festgelegt. Raumordnung muß demgegenüber den komplexen Problemhorizont potentiell widersprüchlicher Ziele bearbeiten.

3. Das Spektrum der Nutzungsmöglichkeiten für strukturschwache Regionen umfaßt mindestens:
   • Schutz von Natur- bzw. Umweltressourcen,
   • Land, Forst- und Fischereiwirtschaft,
   • Tourismus,
   • Energie- oder sonstige Rohstoffgewinnung,
   • Industrieansiedlung,
   • Dienstleistungsentwicklung,
   • Verkehrsanlagen, Versorgungs- oder Entsorgungseinrichtungen.

Zu unterscheiden ist dabei zwischen möglichen, wünschbaren und realisierbaren Nutzungen. Nutzungsalternativen und Nutzungskonflikte müssen für die Raumordnungspolitik im Zentrum stehen.

4. Die offiziellen Positionspapiere äußern sich hierzu knapp:

a) Das Grundlagendokument "Europa 2000" der EG-Kommission (Generaldirektion Regionalpolitik) bietet weitgehend beschreibende Abschnitte über den ländlichen Raum incl. Berggebiete (S. 150-165), über die Küstengebiete und Inseln (S. 177-194) und z.T. über Grenzgebiete (S. 167-176). In fachpolitischer Hinsicht sind vor allem die Abschnitte (B) über Infrastruktur, insbesondere Informations- und Telekommunikationstechnologie und (C) über Umwelt und natürliche Ressourcen (S. 111-130) heranzuziehen. Als Entwicklungsperspektive deutet sich an, daß die in einem Teil der ländlichen Regionen starke Niedergangstendenz mit Diversifizierungsversuchen in Richtung Dienstleistungen mit Unterstützung von Telekommunikationstechnologien aufgefangen werden sollte.

b) Im Raumordnungspolitischen Orientierungsrahmen des deutschen Bundesministers für Raumordnung, Bauwesen und Städtebau finden strukturschwache Räume nur geringe Beachtung. Plädiert wird allgemein für die Stabilisierung und Erschließung von Entwicklungspotentialen (Ziff. 1.5), für großräumig vernetzte Freiraumsicherung (Ziff. 2.1) und für Schutz und Sicherung gemeinsamer Naturpotentiale in Grenzbereichen (Ziff. 4.1). Ein Europäisches Leitschema soll ein polyzentrisches Siedlungssystem fördern (Ziff. 4.2).

c) In der Stellungnahme des Deutschen Bundesrates (Nov. 1992) wird von einer Fortschreibung von "Europa 2000" die Formulierung strategischer Leitlinien zur nachhaltigen Entwicklung und Aufwertung der gefährdeten Teilgebiete des ländlichen Raumes erwartet (Ziff. 9), außerdem die Beachtung der ökologischen Funktion zusammenhängender Naturräume von gesamteuropäischem Rang und ein Konzept für bedeutsame und schützenswerte Freiräume (Ziff. 11 und 13).

d) Der Vertrag von Maastricht hat für die Raumordnungsdiskussion insofern große Bedeutung, als in der Neufassung des Art. 130d mit dem neuen Kohäsionsfonds die Umweltdimension in das Instrumentarium der Strukturfonds integriert wird.

2. Raumnutzungsalternativen

Der traditionelle Grundbegriff der Regionalpolitik lautet "Strukturschwäche" und impliziert von vornherein das Ziel: "wirtschaftliche Entwicklung", das allerdings durch die Maßnahmen der Regionalförderung oft nicht erreicht wurde. Die Raumordnungspolitik kann sich diese Priorität nicht pauschal zu eigen machen. Zumindest traditionelle "Entwicklungs"strategien wie simple Erhaltung oder gar Intensivierung der Landwirtschaft oder simple Industrieansiedlung sind weder umweltpolitisch akzeptabel noch wirtschaftlich tragfähig.

Raumordnungspolitik muß sich zunächst mit den realen Nutzungstendenzen auseinandersetzen. Für die agglomerationsfernen (ländlichen) Räume werden häufig genannt:

- zunehmender Umweltbelastungsdruck aus den Agglomerationen, z.B. im Abfallbereich, bei Wasserentnahme und Luftverschmutzung ("Entlastungsräume");
- Zunahme der Intensivlandwirtschaft (bei wachsender Betriebsgröße in Verbindung mit Beschäftigungsrückgang);
- in einigen Bereichen unkontrollierte Zunahme des Tourismus;
- zum Teil auch Zunahme der Verkehrsbelastung.

In den bisherigen Positionspapieren der EG und der Bundesrepublik fehlt eine markante Benennung und Bewertung dieser unerwünschten faktischen Nutzungstendenzen. Für eine europäische Raumordnungskonzeption müssen Nutzungsalternativen und Nutzungskonflikte explizit thematisiert werden, damit entweder die notwendigen Konfliktentscheidungen oder kombinierte Nutzungen angesteuert werden können. Da heute der Nutzungskonflikt zwischen Umweltsicherung und Wirtschaftsansiedlung eindeutig im Vordergrund stehen muß, beginne ich mit dem Thema Natur- und Umweltressourcen.

2.1 Natur- und Umweltressourcen

Das Freiraum-/Naturraumkonzept des Bundesministers für Raumordnung ist im Prinzip begrüßenswert, muß aber auch für die Europaebene explizit und offensiv vertreten werden. Auch der Deutsche Bundesrat betont die "ökologische Funktion zusammenhängender Naturräume von gesamteuropäischem Rang" (Ziff. 11) und die Notwendigkeit eines Konzepts für "bedeutsame und schützenswerte Freiräume" (in einem vernetzten Freiraumsystem, Ziff. 13). Die Forderung nach "strategischen Leitlinien zur nachhaltigen Entwicklung und Aufwertung des ländlichen Raums" (gefährdete Teilgebiete, vgl. Deutscher Bundesrat, Ziff. 9) bleibt allerdings blaß und auch etwas ambivalent ("Aufwertung").

Die Konsequenz dieses Ansatzes müßte sein, innerhalb des ländlichen/agglomerationsfernen Raums (unter Einbeziehung von Küstengebieten und kleinen Inseln) einen Raumtyp mit *Umweltpriorität* abzugrenzen. Dieser Raumtyp muß somit als Freiraum/Naturraum auch aus der entwicklungsfixierten Definition "Strukturschwäche" herausgenommen werden, um der Sicherung von Natur-/ Umweltressourcen eindeutig Vorrang vor Wirtschaftszielen zu geben. Das Konzept der "nachhaltigen Entwicklung" (sustainable development) fände für diesen Raumtyp selbst keine Anwendung, sondern nur im Funktionszusammenhang mit anderen Räumen oder in einem Mischtyp mit kombinierter Nutzung: Nur dort macht es Sinn, wirtschaftliche Entwicklung "umweltverträglich" gestalten zu wollen.

Ein solcher neuer Raumtyp (und ggf. ein Mischtyp) macht die definitorische Ausgestaltung durch ein Indikatorensystem und sodann praktische Konsequenzen in der Regionalpolitik erforderlich. Für den Typ Freiraum/Naturraum braucht es dann auch auf europäischer Ebene primär Umweltförderungsprogramme statt Wirtschaftsförderung. Die Entwicklung eines Indikatorensystems, das in einschlägigen Regionen akzeptabel ist, wird enorme wissenschaftliche, vor allem aber politische und administrative Anstrengungen erfordern.

Für die Sicherung von Natur- und Umweltpotentialen im Raumtyp "Freiraum" muß eine spezifische Infrastruktur aufgebaut werden, die Beobachtungs-, Verwaltungs- und Sanierungskapazitäten einschließt. Dazu gehören auch entsprechende Ausbildungseinrichtungen, z.B. für Wasserwirtschaftsingenieure, Bodenfachleute, Landschaftsökologen usw., die in größerem Umfang in diesen Regionen selbst angesiedelt werden sollten; ein entsprechender Bedarf hierfür in den südeuropäischen Ländern ist unverkennbar. In gewissem Umfang ergeben sich damit auch tertiäre Beschäftigungseffekte.

Ein solcher Ansatz kann dauerhaft nur erfolgreich sein, wenn die ansässige Bevölkerung ein tragfähiges Umweltbewußtsein entwickelt. Daran fehlt es in hohem Maße, jedenfalls wird das für Portugal und Griechenland berichtet (auch Kalabrien z.B. scheint nicht gerade führend in ökologischen Wertorientierungen). Die langwierigen Lernprozesse, die also in Gang gesetzt werden müssen, brauchen die Stützung durch materielle Umweltförderungsprogramme. Die landwirtschaftliche Bevölkerung wird dafür ansprechbar sein, sofern die Intensivierung der Produktion noch nicht allzuweit vorangeschritten ist. Würde man zuerst die Landwirtschaft auf angeblich überlebensfähige Intensivproduktion gesundschrumpfen lassen, würde man auch diesen Ansatzpunkt für eine ökologische Umorientierung noch verlieren. Auch durch eine Konzentration auf angeblich entwicklungsträchtige Gewerbeansiedlungen würde man sich diesen Weg verbauen. Es scheint vielmehr entscheidend, die ökologische Orientierung in der südeuropäischen Peripherie vom jetzigen, nur begrenzt modernisierten Stand der Landwirtschaft aus in die bäuerliche Lebenswelt zu integrieren.

Klar ist, daß ohne ein gewisses Niveau land- und forstwirtschaftlicher Tätigkeit dieser Ansatz nicht wirken könnte. Die Umweltstandards für diese Bewirtschaftung müssen dann jedoch an der obersten Grenze liegen.

Selbstverständlich kommen Abfalldeponien in solchen Räumen nicht in Frage.

2.2 Land- und Forstwirtschaft

Landwirtschaftliche Nutzungen können angesichts aller Parameter künftiger Agrarentwicklung auch in jenen agglomerationsfernen Räumen außerhalb der "Freiräume" produktions- und einkommensmäßig nicht zunehmen, sondern werden tendenziell schrumpfen. Noch deutlicher wird die Zahl der Erwerbspersonen abnehmen (bereits diese Aussagen implizieren eine gewisse Produktivitätssteigerung und damit Intensivierung). Extensivierung und Flächenstillegung können u.a. durch Aufforstung und somit erweiterte Forstwirtschaft unterstützt werden. Auch in Südeuropa gibt es durchaus Aufforstungsmöglichkeiten mit langfristig günstigem wasserwirtschaftlichem Effekt. Die derzeit in Gang befindliche Intensivierung der landwirtschaftlichen Produktion, die perspektivisch durch Bewässerungsbedarf enorme Wasserressourcen binden würde, muß jedenfalls möglichst bald zugunsten einer solchen forstwirtschaftlichen Entwicklung gebremst werden. (Die Aufforstung mit Eukalyptusbäumen mit ihrer massiven Wasserentzugswirkung, wie sie heute z.T. in Portugal betrieben wird, wäre allerdings genau das falsche Modell). Das EG-Dokument "Europa 2000" spricht zwar die Wasserproblematik an, erwähnt forstwirtschaftliche Alternativen jedoch nur kurz am Rande (S. 154). Europa sollte jedoch im nächsten Jahrzehnt eine forstwirtschaftliche Großinvestition finanzieren, um damit langfristig ökologischen Gefahren entgegenzutreten (Waldsicherung und -ausweitung ist natürlich auch für die "Freiräume" nach 1. zentral).

Für solche Räume mit land- und verstärkt forstwirtschaftlicher Nutzung bedarf es ebenfalls der Verstärkung der Umweltkomponente, die in vorhandene

Subventionsprogramme eingebaut und über zusätzliche Strukturen organisiert werden muß, also auch unter Einschluß von Umweltdienstleistungen. Das Umweltproblem muß als Nutzungskonflikt mit der Landwirtschaft aktiv bearbeitet werden. Ein Nutzungskonflikt anderer Art entsteht nach der Abfallseite hin. Deponiefunktionen können sicher nicht pauschal vom ländlichen Wirtschaftsraum ferngehalten werden. Vielleicht kann man aber landwirtschaftliche Gebiete, die einen hohen Umweltstandard erreichen, kollektiv mit Verzicht auf Deponiefunktionen "belohnen". Die Berücksichtigung von Umweltzielen ist im Rahmen der heutigen Agrarförderung der EG völlig unzureichend. Hier sind entscheidende Prioritätsverschiebungen und Anstrengungen der Programmkoordinierung erforderlich.

2.3 Tourismus

Tourismus ist in kombinierter Nutzung mit der Land- und Forstwirtschaft möglich, limitiert auch in Natur- bzw. Freiräumen. Nutzungskonflikte mit Umweltzielen scheinen aber bereits heute gravierend (Bodenerosion in den Alpen, Wasserverbrauch z.B. auf den kanarischen oder anderen Inseln, Abwasserproblem an zahlreichen Küsten, Transportbelastungen u.ä.). Soweit Regionalförderungsmaßnahmen solche Umweltüberlastungen noch vorangetrieben haben, müssen sie raumordnerisch begrenzt werden. Die Umweltverträglichkeit des Tourismus sollte dringend durch Verbesserung der umweltbezogenen Infrastruktur (auch: Ausbildungseinrichtungen) verbessert werden. In "Europa 2000" scheint Tourismus hingegen überbetont. In den südeuropäischen Tourismusgebieten mit ihren gegenwärtigen Entwicklungsperspektiven sind die Prinzipien von "sustainable development" in großem Umfang nicht gewahrt. Politische Steuerungsmöglichkeiten bestanden bereits bisher im Rahmen der Integrierten Mittelmeerprogramme der EG, doch wurde davon noch zu selten Gebrauch gemacht. Die Umweltkompetenz des Kohäsionsfonds sollte hier zur Korrektur nachhaltig herangezogen werden.

2.4 Diversifizierung im ländlichen Wirtschaftsraum

Gewerbe- bzw. Industrieansiedlung, gar mit monostruktureller Ausrichtung, scheint konzeptionell als Entwicklungsstrategie für den ländlichen Raum zwar überholt, wird aber immer wieder praktiziert (oft mit dem bekannten Strohfeuereffekt), z.B. in Griechenland (Thrakien) oder Portugal als Verstärkung ohnehin dominierender Wirtschaftszweige (z.B. Textil, Schuhe). Demgegenüber sind Diversifizierungsstrategien (vgl. auch "Europa 2000") begrüßenswert, jedoch schwer machbar. Neben begrenzter Gewerbeförderung in Verbindung mit Technologietransfer sind auch Dienstleistungsbereiche und nicht zuletzt Ausbildungseinrichtungen (Humankapitalbildung) in solche integrierten Ansätze einzubeziehen. Ein weiterer Bereich kann die Energiegewinnung durch Solar- und Windenergie in dezentralisierter Form sein, deren Ausbau zugleich gewisse Beschäftigungseffekte eröffnet (von "Europa 2000" wird dies nur für Küsten-/Inselgebiete erwähnt). Angesichts z.B. der gravierenden Abhängigkeit Portugals von Energieimporten scheinen solche Möglichkeiten gerade für Südeuropa von großer Bedeutung.

Die Realisierungschancen für solche Diversifizierungsansätze sind widersprüchlich. Die allgemeine Entwicklung der Produktionsmuster und Produktionsbedingungen "post-fordistischer" Art reduzieren Standortgebundenheit und eröffnen mehr Mobilitätschancen, die auch abgelegenen Räumen zugute kommen könnten. Andererseits liegen die Qualifikationsanforderungen in diesen Tätigkeitsbereichen sehr hoch und können in eben diesen Regionen oft nicht angeboten werden. Neben Maßnahmen traditioneller Verkehrserschließung sind sicherlich Infrastrukturinvestitionen im Informations- und Telekommunikationsbereich, wie sie schon vielfach begonnen wurden, sehr hilfreich. Aber nur durch eine Ausbildungsinfrastruktur, die erst mittelfristig wirksam werden kann, lassen sich die Chancen diversifizierter Entwicklung aufgrund "post-fordistischer neuer Beweglichkeit" von Produktionsstrukturen auch ernten, einschließlich eines wachsenden Anteils an Dienstleistungen. Günstige Bedingungen hierfür wird es nur bei einem gewissen Maß an klein- bis mittelstädtischer Verdichtung auch in den peripheren Regionen Europas geben. Die in Ansätzen sichtbare Entwicklung städtischer Infrastruktur in solchen kleineren Zentren, die auch dem von der Bundesrepublik präferierten Leitbild entspricht, sollte daher raumordnerisch und regionalpolitisch weiter unterstützt werden.

2.5 EG-Regionalpolitik nach Maastricht

Art. 130d des Maastricht-Vertrages brachte mit dem Kohäsionsfonds nicht nur zusätzliche Finanzmittel (ca. Verdoppelung der Strukturfonds) für die schwachen Mitgliedstaaten, sondern auch raumordnungspolitisch interessante Weichenstellungen. Denn die Mittel des Kohäsionsfonds sollen für die Bereiche Umwelt und transeuropäische Netze eingesetzt werden. Regionalpolitisch besteht also die Möglichkeit, die oben herausgestellte Umweltorientierung in Angriff zu nehmen, und dahinter sollte die Raumordnungspolitik nicht zurückfallen. Die EG-Kommission hat in ihren Verordnungsvorschlägen vom März 1993 daraus erste Konsequenzen gezogen. Allerdings ist auch hier noch nicht vorgesehen, Umweltkriterien explizit zur Definition von Fördergebieten heranzuziehen (z.B. zusätzlich zum Indikator Einkommensrückstand). Immerhin soll festgelegt werden, daß Maßnahmen der Strukturförderung der Gemeinschaft "den Bedürfnissen des Schutzes und der Erhaltung der natürlichen Umwelt Rechnung tragen müssen" (KOM-EG 10.03.1993, S. 16). Die Partnerregierung würde außerdem verpflichtet, für das Gemeinschaftliche Förderkonzept die Umweltlage der betreffenden Regionen zu beurteilen und darzutun, wie die zuständigen Umweltbehörden an den geplanten Maßnahmen beteiligt werden (VO-Entwurf, Art. 3a, Ziff. 26). (Ähnliches gilt für die Ziel-5b-Gebiete, die zusätzlich mit einem Bevölkerungs-/ Abwanderungsindikator definiert werden).

Im Grundsatz eröffnen die Umweltziele des Kohäsionsfonds nach Maastricht die Chance, für die komplexen Aufgaben der Raumordnungspolitik auch im europäischen Rahmen eine neue Basis zu finden und der Umweltpolitik einen höheren Stellenwert zuzuweisen. Es besteht jedoch ein starkes Spannungsverhältnis zwischen den regionalwirtschaftlichen Kompensationszielen des Kohäsionsfonds einerseits und den Beschränkungen der Wirtschaftstätigkeit, die mit der Priorität von Umweltzielen verbunden sein kann. In dieser Lage lassen sich Umweltprioritäten nur durchsetzen, wenn sie mit einem eindeutigen Definitionsinstrumentarium markiert und mit einem politisch wettbewerbsfähigen Förderungspotential gestützt werden können.

Concepts of Space Usage for Regions with Structural Deficiencies in the European Community

Theo Schiller

1. General

Current debates on the development of the European Communities pay a great deal of attention to regions with structural deficiencies. Already after the accession of Great Britain, Ireland and Denmark in the 70s, and again following the accession of Greece, Spain and Portugal in the early 80s, integration of those areas was to be facilitated by regional and social support programmes. Renewed discussion, however, did not originate from an extension of the EC, but rather from intensified integration resulting from the Single European Market project. The supposed reinforcement of agglomerations and the weakening of the peripheral regions due to the Single European Market - still intensified by the prospective development towards monetary union - is to be cushioned by compensatory programmes. According to the Maastricht agreement this is to be achieved by doubling the structural funds and by means of a new "cohesion-fund" for supporting the weakest member states. However, the European discussion about regional planning which has been started with "Europe 2000" is mainly concentrating on the side effects on agglomeration areas, while not much attention is paid to regions with structural deficiencies. This is equally true for the present German position papers of the Federal Minister for Spatial Planning, Construction and Urban Affairs and of the Bundesrat (both in late 1992).

1. "Regions with Structural Deficiencies" have been defined , so far, by the EC as areas to be assisted by the structural funds: (1) underdeveloped areas (GNP/population < 75% of EC-average (goal-1-regions)); (2) industrialized areas in decline (goal-2-regions); (3) areas with structural problems in the agricultural sector (goal-5b-regions). As structurally weak are often held remote regions, including mountain areas and the greater part of the coastal regions and islands (in the terminology of "Europe 2000"). Greece, Portugal, and Ireland are in total defined as structurally weak, as well as South-West-Spain, Southern Italy, Northern Ireland and some regions in the North of Britain; by now, the five new "Bundesländer" of Germany have also acquired this status. Goal-1-regions comprise about 21% (without Eastern Germany), 5b-regions about 5% of the EC-population. (In the following, goal-2-regions will be largely left aside).

2. "Spatial Planning Policy" and "Regional Policy" have to be differentiated carefully. "Spatial Planning" refers to comprehensive conceptions of utilization and to a complex pattern of goals of various policies. "Regional policy",

on the other hand, with its basic concept of "regions with structural deficiencies", is inherently committed to overcome this structural weakness by means of "development", that is the improvement of economic usage. In contrast, spatial planning has to deal with the complex horizon of problems of potentially contradictory goals.

3. The spectre of possible utilizations concerning structurally weak regions includes at least:

   - protection of natural respectively environmental resources,
   - agriculture, forestry and fishery,
   - tourism,
   - extraction of energy or other raw materials,
   - industrial development,
   - development of service industries,
   - traffic facilities, supply or disposal devices.

An important distinction has to be made between possible, desirable, and realizable usages. Alternative utilizations and usage conflicts should be at the centre of spatial planning policy.

4. The official position papers barely comment these points:

   a) The EC-Commission's basic document "Europe 2000" (General Directorate on Regional Policy) offers largely descriptive passages on agricultural areas including mountain regions (pp. 150-165), on coastal areas and islands (pp. 177-194) and partly on border areas (pp. 167-176). As to sectoral policy chapters, particularly (B) on infra-structure, especially on information and telecommunications technologies, and (C) on the environment and natural resources (pp. 111-130) are relevant. The main developmental philosophy seems to be that strong tendencies of decline in some rural regions should be countered by economic diversification towards the service sector with a special role of telecommunication technology.

   b) The Orientation Paper for spatial planning policy of the German Federal Minister for Spatial Planning, Construction and Urban Affairs does not give much attention to structrually weak regions. In general, it advocates stabilization and utilization of potentials for development (fig. 1.5), protection of networks of "vacant zones" (fig. 2.1), and protection and securing of common natural potentials in border regions (fig. 4.1). A European guiding scheme should promote a polycentric system of settlements (fig. 4.2).

   c) The position paper of the Deutscher Bundesrat (Nov. 1992) expects, in pursuit of "Europe 2000", the formulation of stratetic guidelines in order to effectively develop and upgrade endangered sections of rural regions (fig. 9). Furthermore, securing of the ecological function of coherent natural regions of all-European importance is called for as well as a concept for prominent and protectionable natural reservations (fig. 11 and 13).

d) The Maastricht resolution is highly important for spatial planning developments since according to the new version of Section 130d the newly established cohesion fund is to integrate the environmental dimension with the traditional instruments of the structural funds.

2. Alternatives of spatial planning

The traditional basic idea of regional politics reads "structural weakness" which implies in principle the goal: "economic development" although this goal often has not been met. Spatial planning policy cannot adopt this priority in general. At least, traditional "development" strategies like simply preserving or even intensifying agriculture or plain industrial settlements are neither acceptable for environmental reasons nor economically viable.

First of all, spatial planning policy has to deal with the actual tendencies of utilization. For remote (rural) regions most often are mentioned:

increasing pressure on the environment originating from agglomerations, e.g. waste disposal, water extraction and air pollution ("relief-regions");
- increase of intensive agriculture (combined with increasing business size and reduction of employment);
- uncontrolled growth of tourism in some areas;
- partly an increase of traffic density.

In the prevailing position papers of the EC and the Federal Republic a clear expression and evaluation of these undesirable de-facto tendencies of utilization is missing. For a European concept of spatial planning policy alternatives and utilization conflicts have to be explicitly stated, in order to adress either the necessary decisions between conflicting goals or the problems of combined usages. Since currently the conflict between environmental protection and economic development has clearly to be at the centre, I start with the subject of natural and environmental resoures.

2.1 Natural and environmental resources

The German Spatial Planning Minister's concept of reservations/natural regions can basically be welcomed, yet it still has to be advocated explicitly and actively on the European level. The Deutsche Bundesrat, too, emphasizes the "ecological function of connected natural conservation areas of all-European relevance" (fig. 11) and the "necessity of a concept for important and protectionable reservations" (in a network system of reservations, fig. 13). Yet, the demand for "stratetic guidelines in order to effectively develop and revalorize the rural region" (endangered sections, cf. Deutscher Bundesrat, fig. 9) remains both colourless and somewhat ambivalent ("revalorization").

A consequence of this approach should be to define a type of region with *environmental priority* within rural/remote regions (including coastal areas and small islands). This type of area as conservation/natural region thus has to be taken out of the development-oriented definition of "structurally weak", in order to unequivocally give priority to the protection of natural/environmental resources over economical goals. The concept of "sustainable development" could not directly be applied to this type of area, it could only be used in the functional correlation with other areas or in a mixed type with combined usage: only there it makes sense to organize economical development in a way compatible with the environment.

Such a new spatial type (and if necessary a mixed type) requires defined elaboration by a system of indicators as well as practical consequences in regional policies. For the type "natural conservation zone" environment support programmes instead of economic development programmes will be primarily necessary, also on the European level. The development of a system of indicators acceptable in respective regions will demand enormous scientific, and especially political and administrative efforts.

For the protection of natural and environmental potentials in the area type "natural conservation" a specific infra-structure will have to be developped which includes capacities for observation, administration, and sanitation. This comprises institutions for the instruction of e.g. water engineers, soil experts, landscape ecologists etc. They should be established within the respective regions where need for these qualifications is quite obvious, like in the countries of southern Europe. To a certain extent employment effects in the service sector will also result from this approach.

Such strategies will only be successful in the long run, if the local population develops a sound awareness of environmental values and problems. So far, this awareness is missing to a great deal, at least as is reported for Portugal and Greece (Calabria too, for instance, doesn't seem to be leading in ecological values). The long-term learning-processes which would have to be launched surely will need material assistance from environmental support programmes. The rural population will be open for such an approach only as long as intensification of agricultural production has not yet developped too far. If agriculture would first be transformed to high-productivity production with reduced employment one would lose even this starting point for an ecological re-orientation. A similar blockade would follow from concentrating on industrial development strategies. It seems, rather, decisive to integrate ecological orientations in the southern European periphery from the current, only partly modernized, agricultural situation with the rural way of life.

Obviously, this approach couldn't work without a certain level of agricultural and forest activities. However, environmental standards for these productions will have to be defined at the highest level.

It should be obvious that disposal sites will not be compatible with this area type "natural conservation".

2.2 Agriculture and forestry

According to all development indicators it should be quite clear that agricultural exploitation cannot be increased, even in remote regions, neither with regard to production nor income. Instead, it will (and should) decrease. To an even greater extent agricultural employment will decrease (these statements already imply a certain increase in productivity and therefore intensification). Extensification and disuse of areas can be supported by afforestation and consequently expanded forestry. Even in Southern Europe there are opportunities for afforestation with a long-term positive effect on water resource management. The intensification of agricultural production as currently under way will deplete water resources due to irrigation requirements. This development has to be curbed as soon as possible to allow for the expansion of forestry. (Yet the afforestation with eucalypts that is being practised to some extent in Portugal, would be exactly the wrong model since eucalypts withdraw massive amounts of water.) The EC-document "Europe 2000" acknowledges the problems with regard to water management but mentions forestry only peripherally (p. 154). Europe should finance a major investment in forestry within the next decade in order to curb long-term environmental dangers (securing and expansding forests is also a central theme for the conservation areas mentioned under 1.). In areas with agricultural exploitation and expanding forestry, more emphasis on the ecological component is needed. It should be incorporated in the existing subsidy programmes and be organized through additional structures including environmental services. The environment issue should be openly discussed as a conflicting concept of space usage with regard to agriculture. Another conflict exists with regard to waste disposal. Disposal functions cannot generally be kept away from rural economic areas. But possibly rural areas that achieve a high ecological standard can be "rewarded" collectively by alleviating them from disposal functions. The attention focussed on environmental goals in the guidelines for agricultural development in operation today does not suffice at all. A thorough reassessment of priorities and efforts aimed at a better programme coordination are urgently needed.

2.3 Tourism

Tourism is compatible with agriculture and forestry, to a lesser extent even in conservation areas and nature zones. Yet conflicts between exploitation and environmental goals are already prominent today (soil erosion in the alps, water consumption for example on the Canaries or other islands, sewage problems at numerous coasts, transportation overload etc.). To the extent to which measures for regional development have aggravated environmental strains, they have to be contained by spatial planning. The compatibility of tourism with environmental concerns should be increased through improvement of environmentally hazardless infrastructure (including: educational facilities). However, in "Europe 2000" tourism seems to be over-emphasized. In the tourist areas of Southern Europe the principles of "sustainable development" are all but adhered to. Political control mechanisms do exist within the framework of the Integrated Mediterranean Programmes of the EC, but so far they have been employed too infrequently. The environmental principles of the cohesion fund has to be utilized for correction much more effectively.

2.4 Diversification in rural economic areas

Industrial development strategies, especially with a monostructural orientation, are still being practised (often with the famous flash in the pan), e.g. in Greece (Thrakia) or Portugal in the form of promoting already dominant industries (e.g. textiles, shoes). In contrast, diversification strategies (cf. "Europe 2000") are to be welcomed although difficult to implement. Apart from a limited stimulation of business in connection with technology transfer, services and - last but not least - education facilities (production of human capital) are to be considered by these integrated approaches. An additonal field for economic activity would be the production of energy on the basis of solar and wind energy in a decentralised structure. It would also create certain employment effects (in "Europe 2000" these options are only mentioned with regard to coastal and island areas). Considering the extreme dependency of, for example, Portugal on energy imports such opportunities seem to be of great importance especially for Southern Europe.

The chances for the realization of such a diversification approach seem contradictory. The general conditions of production under "post-fordism" reduce the location dependency and open up chances for mobility from which remote areas could also benefit. On the other hand, qualification requirements are very high in just these fields of employment and most often cannot be offered in those regions. In additon to traditional measures aimed at improvements of accessability, investment in the information and telecommunication infrastructure - as in many places already initiated - is helpful if it is accompanied by the improvement of education infrastructure. Yet, the chances of a diversified development on the basis of a "post-fordist new mobility" of production structures, including an increasing number of services, can only be harvested in the medium range. Favourable conditons for that will only exist after a certain degree of small and medium town concentration has also taken place in the peripheral regions of Europe. The take-off of urban infrastructure are already noticeable in such smaller centres. This development similar to the model advocated by the Federal Republic of Germany should be supported by spatial planning and regional policy.

2.5 EC regional policy after Maastricht

Art. 130 (d) of the Maastricht-Treaty did not only supply additional financial means via the cohesion fund (about doubling the structure funds) for the weak member states but it has also set interesting directions for spatial planning. The additional means of the cohesion fund are to be used for goals in "environment" and "trans European networks".Thereby an important opportunity has been opened up for reorientation of regiónal policy towards environmental goals which spacial planning policy should not miss. The EC-Commission drew first consequences in its proposed regulation of March 1993 (KOM-EG, The Interventions of the EC Structural Funds 1994-1999, KOM (93) 67 endg. -SYN 455). But even here it is not proposed to use environmental criteria explicitly for the definition of areas eligible for support programmes (e.g. in addition to the low income indicator). At least, there will be a general clause stating that Community measures for structural development "have to take account of the necessities and protection of the environment" (KOM-EC 10.3.1993, p. 16). The partner government will also be responsible for evaluating the environmental situation of the regions in question for the common development concept, and it will have to explain how the environment administration responsible should take part in the projected measures (Regulation draft, Art. 3a, nr 26). (Something comparable applies to the goal-5b-regions which are additionally defined by a population/migration indicator).

Basically the environmental goals of the cohesion fund after Maastricht open up the chance to find a new basis for the complex tasks of spatial planning in a European context and to invest environmental policy with a new importance. There is, however, potential conflict between the regional-economic compensation goals of the cohesion fund on the one hand, and the restriction of economic activity likely to follow from environmental considerations. In this situation environmental priorities can only be successful if they are marked by clear definition instruments and can be backed by a politically competitive support potential.

Literatur/Bibliography

Akademie für Raumforschung und Landesplanung (Hrsg.; 1992): Regionale Wirtschaftspolitik auf dem Weg zur europäischen Integration. - Hannover. (Forschungs- und Sitzungsberichte, Heft 187).

Bundesministerium für Raumordnung, Bauwesen und Städtebau (BMBau) (1991): Raumordnerische Aspekte des EG-Binnenmarktes. Studie A/B. - Bonn. (Schriftenreihe "Forschung" des BMBau, H. 488).

Bundesministerium für Raumordnung, Bauwesen und Städtebau (BMBau) (1993): Raumordnungspolitischer Orientierungsrahmen. Leitbilder für die räumliche Entwicklung der Bundesrepublik Deutschland. - Bonn.

Deutscher Bundesrat: Beschluß des Bundesrates betr. Bericht der Kommission der EG "Europa 2000". BR - Drucksache 109/92 v. 6. Nov. 1992.

Drey, F. (1992): Europäische Raumordnungspolitik. Kompetenzen, Konzepte, Konferenzen. - Geographische Rundschau 12: 682-685.

Klodt, H. & Stehn, J. et al. (1992): Die Strukturpolitik der EG. - Tübingen. (Kieler Studien 249).

Knapp, W. (1993): "Europa 2000": Raumordnung als Appendix der Binnenmarktstratgie? - Raumforschung und Raumordnung 51: 18-27.

Kommission der Europäischen Gemeinschaften, Generaldirektion Regionalpolitik (1991a): Die Regionen in den 90er Jahren. Vierter periodischer Bericht über die sozioökonomische Lage und Entwicklung der Regionen in der Gemeinschaft. - Brüssel - Luxemburg.

Kommission der Europäischen Gemeinschaften, Generaldirektion Regionalpolitik (1991b): Europa 2000. Perspektiven der künftigen Raumordnung der Gemeinschaft. - Brüssel - Luxemburg.

Kommission der Europäischen Gemeinschaften (1993): Dritter Jahresbericht über die Durchführung der Strukturfonds. - Luxemburg.

Kommission der Europäischen Gemeinschaften: Die Interventionen der EG-Strukturfonds 1994-1999. Vorschlag für eine Verordnung (EWG) des Rates zur Änderung der Verordnung (EWG) Nr. 2052/88.....und Vorschlag für eine Verordnung zur Änderung der Verordnung (EWG) Nr. 4253/88 des Rates vom 19. Dez. 1988 zur Durchführung der Verordnung (EWG) Nr. 2052/88.....KOM (93) 67 endg. - SYN 455 v. 10. März 1993; dto. Addendum/Arbeitsdokument KOM (93) 67/2 endg./2 - SYN 455 v. 12. März 1993.

Ridder, M. (1992): EG-Regionalpolitik und Wirtschaftsförderung in Griechenland. - Raumforschung und Raumordnung 50: 106-111.

Santos, P. (1992): Die Regionalpolitik der Europäischen Gemeinschaft. - Informationen zur Raumentwicklung: 641-659.

Siebeck, J. (1992): "Europa 2000". Vorstellungen der EG zur räumlichen Entwicklung. - Raumforschung und Raumordnung 50: 99-106.

Autoren/Authors

Prof. Dr. Ekkehard Buchhofer,
  Fachbereich Geographie, Philipps-Universität Marburg,
  Deutschhausstraße 10, 35032 Marburg.

Prof. Dr. Reinhard Hendler,
  Fachbereich Rechtswissenschaften,
  Institut für Öffentliches Recht, Philipps-Universität Marburg,
  Universitätsstraße 6, 35032 Marburg.

Prof. Dr. Günter Mertins,
  Fachbereich Geographie, Philipps-Universität Marburg,
  Deutschhausstraße 10, 35032 Marburg.

Privatdozent Dr. Rolf-Dieter Postlep,
  Fachbereich Wirtschaftswissenschaften,
  Fachgebiet Finanzwissenschaft, Philipps-Universität Marburg,
  Am Plan 2, 35032 Marburg.

Prof. Dr. Theo Schiller,
  Fachbereich Gesellschaftswissenschaften und Philosophie,
  Institut für Politikwissenschaft, Philipps-Universität Marburg,
  Wilhelm-Röpke-Straße 6, Block G, 35032 Marburg.

Dr. Karl Peter Schön,
  Bundesforschungsanstalt für Landeskunde und Raumordnung,
  Am Michaelshof 8, 53177 Bonn.

Prof. Dr. Alfred Schüller,
  Fachbereich Wirtschaftswissenschaften,
  Forschungsstelle zum Vergleich wirtschaftlicher Lenkungssysteme
  Philipps-Universität Marburg, Barfüßertor 2, 35032 Marburg.

Reg.-Direktor Dr. Welf Selke,
  Bundesministerium für Raumordnung, Bauwesen und Städtebau,
  Deichmanns Aue, 53179 Bonn.